ふるさとの手帖

あなたの「ふるさと」のこと、
少しだけ知ってます。

かつお（仁科勝介）

はじめに

21歳の春、まだ大学生の頃。
ずいぶんと長い旅に出た。

青色のスーパーカブに乗って、全ての市町村を目指した。

旅の初日、タイヤがスリップして相棒のカブから転げ落ち、
膝に大怪我。診断は全治３ヶ月。

わたしは暫く病院に通ったが、カブは６００円で直った。

思わぬ出来事と向き合いながら、この旅は進んでいく。

旅の決めごとはひとつ。

「訪れたまちで写真を撮ろう」

今日の空は、どんな雲だろう。

この路地は、誰かの通学路かな。

田んぼの色が、変わった気がする。

そうしてひとつずつ、手帖に書き残すように、
あなたのふるさとを巡った。

旅は完結を迎え、あたりまえの景色や日常が、
日本の大切な日々だと知った。

日本の小さな欠片が、これからもささやかに、
本の中で残り続けて欲しい。

あなたのふるさとが、明日になっても
そっと幸せでありますように。

１７４１の日本の物語を、この一冊に込めて。

かつお（仁科勝介）

大阪屋

水巻駅前
Mizumaki Sta.
40

目次

・市町村数1741は2020年7月現在の市町村数1718と東京23区をあわせた数です。
・本書に掲載している写真は、2018年3月～2020年1月にかけて、安全に留意して撮影されたものです。
現在は状況が異なる場合もございますので、各地域、施設等へのお問いあわせはご遠慮ください。
また、立ち入り禁止場所からの撮影や危険を伴う撮影はやめましょう。

旅がはじまる前の話

市町村一周旅を初めて思いついたのは、大学1年生の終わり。ヒッチハイクでの九州一周旅をしてから半年後くらいのこと。ふと、「日本の市町村はいくつあるのだろう」と、雷に打たれたように頭に思い浮かんだ。全ての市町村を巡るロマン、果てしない道の先に広がる景色に心が震えるのを感じた。そして、未知の旅への準備がはじまった。

準備として取り組んだことは主に3つ。

・大学の単位を取る
・お金を貯める
・旅の作戦を立てる

大学生としてお金を貯めるためにはアルバイト。アルバイトをするためには時間が必要。本当に雀の涙であった貯金を、とにかく１５０万円まで貯めなければ難しいだろうと考えていた。そのためにはまず大学の単位をできるだけ早く取り終えて、時間を作ろう。1年生の終わり、血眼になって2・3年生の時間割と単位数を計算して、3年生の前期までの授業を全て組んだ。結果として3年生の前期で、ゼミと卒論以外の単位を取り終え、3年生の後期からは実質自由の身となった。単位の縛りがなくなれば、ひたすらにアルバイトだ。住まいを斡旋していたバイト先の店長に直談判して、平日はフルタイムで働かせてもらった。バイトの友人からは、「社員」といじられたが、仕方のない話である。多少ブラックな日々ではあったし、店長の機嫌を察知する能力も身についた。また3年生の夏休みは長野県小谷村のホテルで1ヶ月間住み込みバイトをしていた。同級生はインターン真っ盛りの時期だが、お金を貯めたかったのでインターンは諦めるしかない。ホテルでは東京から別の仕事で来ていたイベントスタッフの方々と仲良くなって、夜に焚き火を囲んで、星空をぼんやり見上げながら過ごした時間が、何よりの思い出だ。いまでも交流があって、それもまた嬉しかったりする。

そうやって旅をはじめるまでに、なんとか１５０万円を貯めることができた。

あとは、具体的な旅の作戦を考えよう。交通手段はあれこれ考えたが、法定速度に従って走行できる１１０ccのスーパーカブが最適だという結論に至り、自動車学校に通って新しく免許を取った。地元のバイク屋さんで青色のスーパーカブを発見したとき「絶対にこの子だ！」という直感があり、その日から相棒になっている。

また、旅の発信はＳＮＳだけではなく、サイトを作って分かりやすく旅の様子を更新しようと思った。初心者なりにＷｅｂデザインを半年間勉強して、実際にサイトを作るのにも半年間かかった。もう同じようには作れない。「ふるさとの手帖」という名前は、サイトのタイトルでもあり、この本のタイトルだ。誰かのふるさとを、手帖に書き残すように巡るという思いはサイトを作った頃からずっとあり、そしていつか本のタイトルにも「ふるさとの手帖」と名付けられる日を夢見ていた。

最後に、市町村一周へのモチベーションは難しい。もちろんワクワクするが、基本的には我慢との戦いだ。実際進めど進めどゴールが一切見えないことは辛かった。挑戦する場合はその虚しさを受け入れる準備をしておこう。また旅にはトラブルがつきものだが、それらを笑い話に変える気楽さを持とう。そして、目の前の日々が、誰かにとってのふるさとだという感動を、いつまでも忘れずにいよう。

わたしの中では、出発の何年も前から、旅はもうスタートしていたのだ。

旅で一番大きな虹だった（旭川市）

01

北海道

HOKKAIDO

試される１７９の大地へ

大学2年生のとき、先輩たちが「原付で北海道一周」チャレンジをしていた。更新されていくＳＮＳを見ながら、先輩のヒゲがみるみる伸びていくのを見て、「試される大地」とはよく言ったものだと、そう理解したのだった。それがいつの間にか自分の番となり、果たして上手くいくのだろうかという不安と、ヒゲはちゃんと剃ろうという気持ちと、北の大地を自分の原付で走るワクワクが何度も入り混じった。

北海道の市町村は合わせて１７９ある。２番目に多い長野県ですら77の市町村であり、はじめてこの数を知ったときはもちろん背筋が凍った。過去一度だけ北海道に来たことはあったけれど、もちろん滞在場所は限られるし、先輩の「原付で北海道一周」の話を聞いただけでも「ものすごいチャレンジだ」と感じていたのだから、全ての市町村を巡るとなると、自分でも「バカなことを…」と思わずにはいられなかった。とにかく、原付では約１ヶ月の期間で、巡れるだけ巡ることを目標に、京都府舞鶴市から新日本海フェリーに乗って小樽へ上陸した。小樽にまもなく到着する頃、甲板で感じた夜風の冷たさが北海道に来たことを教えてくれた。

旅の序盤は、一人で走る道のりが怖かった。トラブルがあったら対処できるか分からないし、「ヒグマが出てくるかもしれない」という漠然とした恐怖があったのだ。実際大きなトラブルはなく、ヒグマも遠目で一度謁見する機会があっただけで済んだことは幸運だった。北海道の土地に慣れてきて、恐怖心が薄れてからは、真っ直ぐにひらけた道を駆け抜けることが本当に気持ち良かった。一定の速度を保ちながら、〝矢羽根〟と呼ばれる冬の道路の境界線を示す矢印のポールが、テンポよく流れていく。そして目の前に広がる大自然が何よりの贅沢であった。

北海道の天気は変わりやすく、雲の形や気候は本土とはまるで違う。何度も冷たい雨に降られたし、平野部や海沿いで受ける風は台風のように強かった。6月から7月にかけて北海道を巡ったのだが、長袖を重ね着して丁度いい寒さだったぐらいだ。

そして、北海道は旅人が多い。ゲストハウスやライダーハウスに泊まる旅人と出会う機会がとにかく多かった。引っ越しのように大きな荷物を積載している旅の自転車は毎日見かけたし、

1	2	3	
4			
5	6	7	8

1 道の駅あかいがわ（赤井川村）2 六花の森の贅沢な時間（中札内村）3 利尻島へやって来た（利尻富士町）4 斜里岳を望む（清里町）5 かつての中湧別駅（湧別町）6 大好きなラッピのハンバーガー（七飯町）7 静かな山の合間を進む（留寿都村）8 名馬のサラブレッドロード（新冠町）

対向車線をすれ違うバイクとは右手を挙げてお互いの旅路の健闘を祈った。広い北海道、孤独が多い中での旅らしい出会いとつながりは、北海道一周において欠かせないピースだったと思う。1ヶ月の間、無我夢中で旅を進めて、気づけば9割ほど、１６０の市町村を巡ることができた。北海道で1ヶ月過ごしたという感覚はまるでなく、あっという間だったと記憶している。広い北海道の外周を一周するだけではなく内側を巡り、離島へ渡り、まだ全て巡りきれたわけではなくとも、大変だった日々はとにかく大きな自信となり、これからも続く旅を諦めずに進む勇気となった。残りの市町村はまた別のタイミングで訪れることに決めて、小樽港から船で再び本州へ戻ったのだった。

冬の北海道と流氷

北海道旅の具体的な話は本当に収まりきらないほどだが、一つ流氷の話を書き残したい。一度目の大きな旅路を終えた後、弾丸でオホーツク海に現れる流氷を見に行った。12月末に原付の旅を終え、しばらく体を休めていたのだが、すっかり元気になって、ふと冬の北海道へ行きたくなったのだ。原付旅では夏の景色しか見ておらず、冬の北海道は未知の世界だった。そして同時に「砕氷船から流氷を見たい」と思った。いつかはと思っていたが、それは今年なのではないか、と心の声がしたのだ。思い立ったら、即行動である。すぐに砕氷船を調べると、残念ながら流氷のメイン時期である2月の乗船予約は綺麗に埋まっていた。なるほど、気づくのが遅すぎた。既に1月の中旬であった。しかし、直近の1月末は、まだ予約が取れることに気づいた。調べると、1月末は例年流氷が接岸するか分からない時期らしい。わざわざオホーツクへ向かっても、流氷を見ないままとんぼ返りするエピソードが頭をよぎった。正直悩んだが、自分の決

断を信じて1月末の砕氷船の予約を取り、飛行機を予約した。昨年はまだ流氷が接岸していない日付だった。一世一代の大勝負である。

そしていよいよ北海道へフライトした日は、暴風の悪天候だった。条件付き運航で、北海道へ着陸するかも不安な中、何とか無事に到着した。しかしこの悪天候が、奇跡を呼んでいた。北から吹き荒れる暴風のおかげで、直前まで来ていた流氷が南へ流され、その日に流氷が接岸したのだ。私が北海道へ訪れた日が、その年の流氷接岸記念日になった。そして砕氷船を予約していた翌日は台風一過のような快晴に恵まれたのだった。まさに雲一つない青空が広がる中で、接岸した流氷が眩しく輝いている。砕氷船に乗って、大きな音を立てながら進んでゆく異世界、そしてオホーツク海に広がる真っ白な氷の水平線と青空のコントラストを見た感動は、決して忘れないだろう。

冬の北海道旅は、訪れたまちを「知ったつもりにならない」ことを再確認させてくれた旅でもあった。原付旅では訪れるまちの特徴的な魅力を知ることにもちろん努めてはいたが、その地で根を張って暮らしているわけではない自分は、あくまで訪問者である。ふるさとの景色は、そこをふるさととする人が、一番知っている。夏とは異なる冬の北海道の美しさに魅せられて、当時すでに日本全体の8割の市町村を巡っていたが、まだまだ知らない日本が広がっていると初心に返ることができた。とにかく流氷への挑戦は番外編でもあり、必要な旅でもあり、幸運な旅だった。

そして残っていた20の市町村は２０１９年の夏にレンタカーを借りて一気に巡った。訪れたことのあるまちも多く通り過ぎたため、やはり原付でよく巡ったものだという気持ちになった。雨の日が多く肌寒い夏だったが、無事に最後まで巡ることができ、「試される大地」との長い戦いは遂に終わったのである。

1		2	3
		4	5
6	7	8	9

1 神社のそばでこんにちは（平取町）2 滑り台裏の水滴（更別村）3 霧の朝（乙部町）4 一緒にバレーをした（弟子屈町）5 お祭りを感じる大漁旗（神恵内村）6 ひっそり美しい蕎麦畑（音威子府村）7 穏やかであること（士別市）8 みんなで野球の時間（仁木町）9 蒸気機関車がいた（富良野市）

1 2 3
4 5 6
7

1 いつでもサンタと会える（広尾町）2 漁船の輝き（寿都町）3 大好きなゲストハウスとの出会い（奥尻町）4 目が合った（厚岸町）5 共働学舎新得農場さんへ（新得町）6 電車の中にみんなで泊まる（興部町）7 素敵な旅人宿でゆっくりと（喜茂別町）

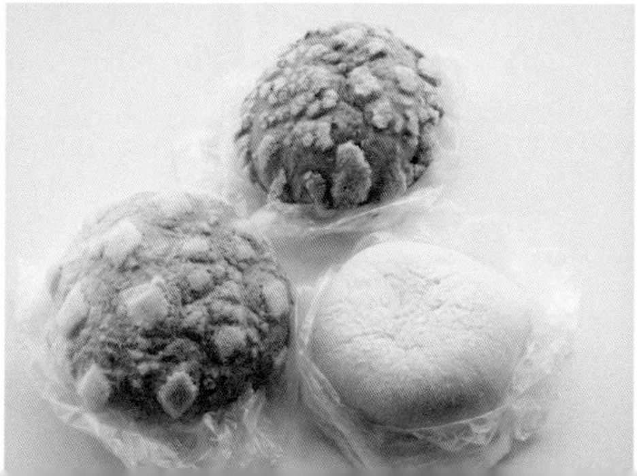

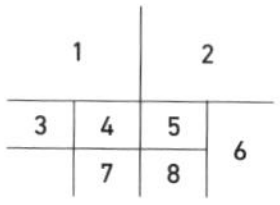

1 命をいただくこと（岩見沢市）2 黄金岬に魅せられた（留萌市）3 風雪の塔と農業資料館（猿払村）4 かなしべつの雰囲気（上砂川町）5 天に消えて行くような（上川町）6 北の地で錦を飾る（栗山町）7 しっとり咲き誇る（共和町）8 絵本の里けんぶちで食べたパン（剣淵町）

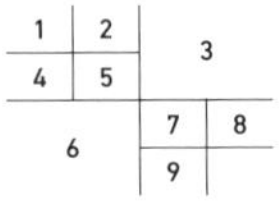

1 利尻昆布のダシが美味しい（利尻町） 2 バスの待ち時間（本別町） 3 羊蹄山を後ろに（京極町） 4 鮮やかなラベンダー畑（中富良野町） 5 霧の中に消える（北斗市） 6 野生のタンチョウと出会った（浜中町） 7 花のまちの美しさ（恵庭市） 8 友人の祖父母のお家へ（登別市） 9 オロロンラインに日が沈む（増毛町）

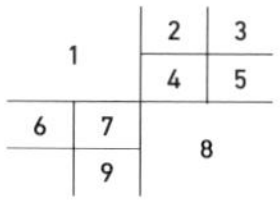

1 海を越えた先は駒ヶ岳（長万部町）2 北海道で訪れた最後のまち（占冠村）3 一面に幸福の願い（夕張市）4 日常がゆらゆらと（美深町）5 いい空だった（滝川市）6 役場の近くにて（古平町）7 アポイ岳ジオパークで知る自然（様似町）8 幾寅駅の懐かしさ（南富良野町）9 雨に降られて咲く（鹿追町）

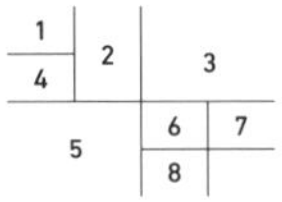

1 まちなかを歩きながら（津別町） 2 網走監獄で歴史を思う（網走市） 3 北の大地に吹く風（大空町） 4 本土最東端、納沙布岬（根室市） 5 どうしても泊まりたかった船長の家（北見市） 6 奥に上がる花火を眺める（岩内町） 7 北の大地で最初の出会い（小樽市） 8 圧巻の巨大なクマ（白老町）

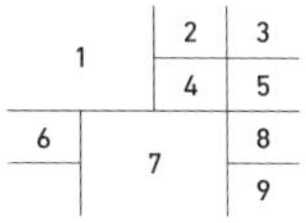

1 雨にも負けず（中頓別町） 2 放課後の時間（遠軽町） 3 ブナの美幌峠を進む（美幌町） 4 青空にカラーコーン（黒松内町） 5 香りの里たきのうえにて（滝上町） 6 ひまわりの里とまち（北竜町） 7 世界遺産、知床の神秘を知った（斜里町） 8 街と線路に当たる夕日（函館市） 9 遠くからタウシュベツ川橋梁（上士幌町）

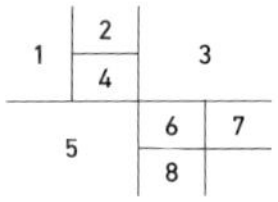

1 採れたての瑞々しいとうきび（砂川市）2 朝早くからの行列（積丹町）3 静かに洞爺湖を眺める（洞爺湖町）4 サルボ歩道の入り口（標茶町）5 宿の素敵な皆さんとお別れ（大樹町）6 いつだってのんびり（遠別町）7 友人のお父さんの車にて（新ひだか町）8 幸福駅に広がる幸せ（帯広市）

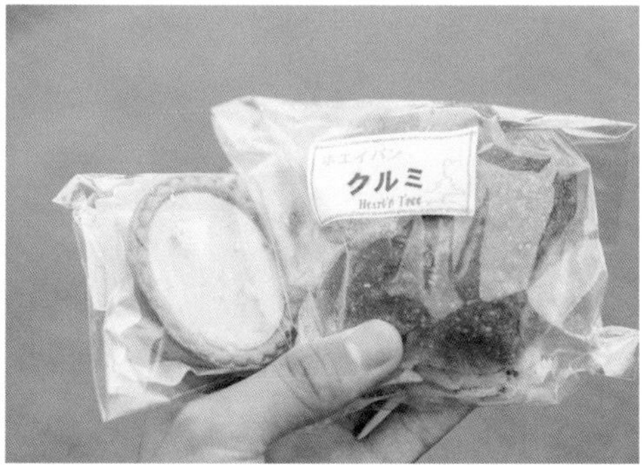

1		2	
3	4	5	6
	7	8	

1 鹿の親子とバッタリ（士幌町）2 はまなすの丘公園にて（石狩市）3 色んな花が咲いていた（小清水町）4 お母さんに頂いた差し入れ（鶴居村）5 横綱千代の山と千代の富士（福島町）6 道の駅の近くに咲く花（小平町）7 季節は7月でもストーブの日（苫小牧市）8 子供たちが遊ぶ時間（紋別市）

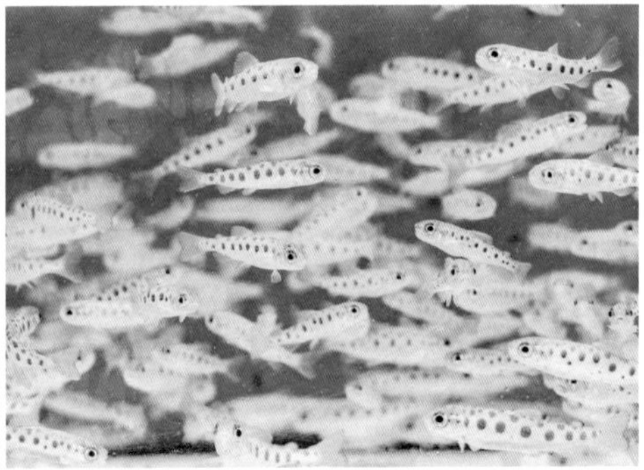

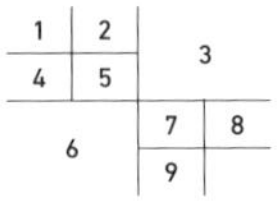

1 これからもほろびない（陸別町）2 大切に守られてきた熊の湯（羅臼町）3 カーブミラーの先も北海道（南幌町）4 宿で大盤振る舞いしてくれた（釧路市）5 サーモン科学館の色んなお魚（標津町）6 かつての線路が真っすぐ（置戸町）7 静かにまちを歩く（幕別町）8 道の駅の広場にて（伊達市）9 日光が反射する（蘭越町）

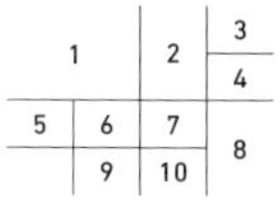

1 ニッカウヰスキーの歴史を知る（余市町） 2 宿の自己紹介タイム（稚内市） 3 町役場の時計（せたな町） 4 等間隔に咲く（厚沢部町） 5 本場のスープカレーは幸せだった（札幌市） 6 兄さん達に優しくしてもらった（江差町） 7 大きな町役場へ（和寒町） 8 幻の青いケシの花（幌延町） 9 矢羽根のポールを進む（真狩村） 10 お互いの健闘を祈りながら（苫前町）

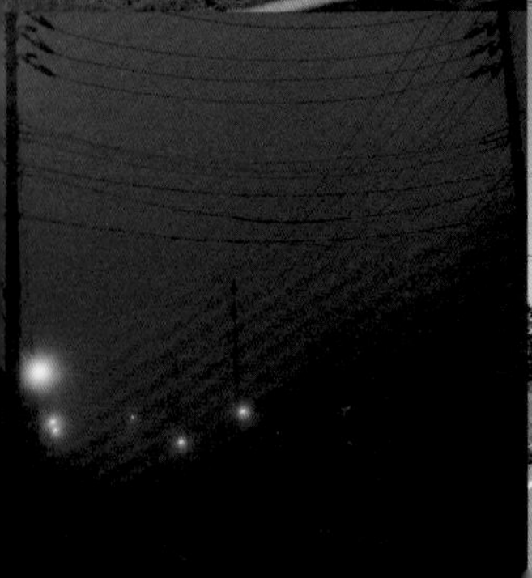

1	2	3	4	5
6	7	8	9	10
11	12	13	14	15
16	17	18	19	

1 雨でも進む（佐呂間町） 2 何の瓦だろう（池田町） 3 チロルの湯（歌志内市） 4 幸せの鐘（上富良野町） 5 落ち着く緑（厚真町） 6 道の駅おうむ（雄武町） 7 雨降る役場（愛別町） 8 美瑛川の流れ（美瑛町） 9 穏やかな山並み（赤平市） 10 水が気持ち良い（江別市） 11 奥には馬たち（安平町） 12 神秘のオンネトー（足寄町） 13 大きな観音様（芦別市） 14 静かにまち歩き（浦臼町） 15 バイク神社へ（浦幌町） 16 日没と霧（上ノ国町） 17 海と暮らす（鹿部町） 18 変わらない日常（今金町） 19 まちと暮らしやすさ（音更町）

1	2	3	4	5
6	7	8	9	10
11	12	13	14	15
	16	17	18	19

1 村役場へ（初山別村） 2 朝6時半の道（白糠町） 3 万里の長城（下川町） 4 大好きな道（訓子府町） 5 もくもくと（室蘭市） 6 芝のグラウンド（新篠津村） 7 襟裳岬だ（えりも町） 8 えさっしーと挨拶（枝幸町） 9 心地よい午後（島牧村） 10 公園の遊具（壮瞥町） 11 サラキ岬に咸臨丸（木古内町） 12 雨降る通勤（清水町） 13 新幹線が走る（知内町） 14 港近くの工事（浦河町） 15 静かなまち（釧路町） 16 出雲大社の分院へ（新十津川町） 17 日々の風景（北広島市） 18 ハルニレの木（豊頃町） 19 北海道らしさ（倶知安町）

1	2	3	4	5
6	7	8	9	10
11	12	13	14	15
16	17	18	19	

1 まちなかを進む（羽幌町）2 直線日本一（奈井江町）3 泊発電所の入り口（泊村）4 霧の開陽台（中標津町）5 放水訓練（鷹栖町）6 監獄の歴史（月形町）7 博物館の旧中学校（中川町）8 線路に沿って（豊浦町）9 レンガ基調の道の駅（天塩町）10 快晴の午後（森町）11 まもなく空港（千歳市）12 穏やかな橋（長沼町）13 名寄庁舎（名寄市）14 雨に映る（当麻町）15 鐘の鳴る塔（秩父別町）16 石狩当別駅へ（当別町）17 やりきれません（由仁町）18 役場にて（豊富町）19 田園の美（雨竜町）

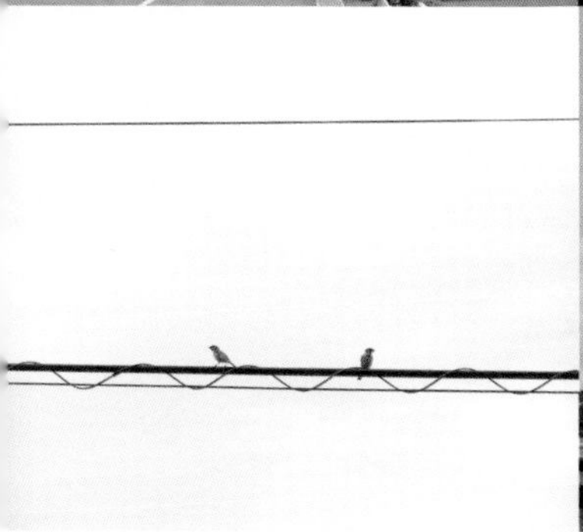

1	2	3	4	5
6	7	8	9	10
11	12	13	14	15
	16	17	18	19

1 匂いに釣られ（三笠市） 2 野付半島の自然（別海町） 3 佇む宮島沼（美唄市） 4 町役場と花（東神楽町） 5 鮮やかな校舎（西興部村） 6 暮らしを進む（むかわ町） 7 そば屋さん（幌加内町） 8 青空へ（八雲町） 9 憧れの場所（東川町） 10 レトロな駅舎（ニセコ町） 11 雀がやって来た（芽室町） 12 地形の美しさ（礼文町） 13 まもなく日没（深川市） 14 何段も積まれ（日高町） 15 恵比島駅（沼田町） 16 霧の深い日（松前町） 17 カーリングしよう（妹背牛町） 18 小屋のバス停（比布町） 19 懐かしいまちなみ（浜頓別町）

冬の北海道へ

日本には四季がある。最高のあたりまえだ。
そのあたりまえを、自分の心にもきちんと残しておきたい。
だから、冬の北海道をきちんと知りたかった。
厳しい寒さと、美しい景色の両方を。

冬の知床へ

空港へ向かう

雪が星のように流れる

網走へやって来た

流氷を進み、日の丸は揺れる

碎氷船の影

白と青の世界へ

出航時の不思議な波のうねり

目の前がよく見えるように

一緒に流氷を眺めよう

青森県

02

AOMORI

日本海と太平洋、どちらにも行ける場所。

青森県は広い。津軽エリアに下北半島、そして三八上北地域。日本海と太平洋どちらにも面している。40の市町村がある青森県、地域ごとに雰囲気の変わる景色は進めば進むほど奥深い魅力を教えてくれた。

黒石市の中町こみせ通りは「日本の道百選」にも選ばれた伝統的な建造物が並ぶ。ちょうど地元のお祭りをやっていたが、仲良くなったおじいさんとの会話は津軽の訛りが強く、「9時」という単語しか聞き取れなかった。田舎館村で見た田んぼアートは肉眼でみると大迫力で、多くのお客さんで溢れていた理由がよく分かる。鰺ヶ沢町で静かに暮らす秋田犬の「わさお」は穏やかな日々を送っていて、会えただけで自然と「ありがとう」と伝えたくなった。

青森といえばねぶた。青森市文化観光交流施設「ねぶたの家ワ・ラッセ」は夢のような空間だ。ねぶた祭の歴史や職人さんたちの技術、そして大迫力のねぶたの展示にはただただ圧倒された。あかりの灯ったねぶたは色鮮やかに輝き、その華やかさは明々白々とねぶたに命が通っていることを伝えてくれる。当日は偶然にもステージでねぶた囃子の生演奏があり、その臨場感溢れる祭囃子にも度肝を抜かれた。こんなにも魂が揺さぶられ、体の底からエネルギーが湧き上がってくるような感覚はほかにはない。絶対に、いつかお祭りに行こうと心に決めた。

むつ市にある日本三大霊山の一つ、恐山は印象深かった。「あの世」と「この世」の境、極楽と地獄の死後の世界が広がる地、死者に寄り添い弔う場など、一歩足を引いてしまうような表現で形容される場所で、正直覚悟をして訪れた。到着したと思えばいきなり三途の川が現れ、身が引き締まるというより絞られるような気持ちになった。火山性ガスによる硫黄の匂い、荒涼とした岩場、殺伐とした異世界が広がる中、極楽浜と呼ばれる美しい湖もある。山の中に突然凪いだ海が広がるような、不思議なほどの美しさ。恐山は知らない世界を与えてくれる場所だった。

津軽半島は大自然の険しさの下にあることを知り、本州最北端の大間で食べたマグロは最高の味で魅せられ、下北半島最東端、東通村の尻屋崎にいる寒立馬は逞しく美しかった。十和田市や八戸市までやって来ると、青森市とはまた雰囲気の違うまちなみでワクワクした。

遠く感じていた青森県、訪れて知ったその広さが私の先入観を書き換えてくれた。またいつか青森県を大冒険できますように。

1 何もかも圧倒されたねぶた（青森市）2 ここでマグロを食べたから、美味しかった（大間町）3 大地の芸術、田んぼアート（田舎館村）4 青函トンネル入り口（今別町）5 本州最北端の星空（大間町）

1	2	3	
4	5		
6		7	8
		9	

1 守られ続ける中町こみせ通り（黒石市）2 名馬が育った町で（七戸町）3 今までありがとう（鰺ヶ沢町）4 左手には岩木山（藤崎町）5 朱色のトンネル（つがる市） 6 大空ひろばを翔ける（三沢市）7 広場とオブジェと（十和田市）8 道の駅とふれあい（六戸町）9 幻の鉄道と足湯（風間浦村）

1	2	3	4
5		6	
		7	8
	9	10	11

1 道の駅に干してあった（中泊町） 2 役場と青森銀行（蓬田村） 3 朝の弘前公園（弘前市） 4 仏ヶ浦、極楽浄土の海（佐井村） 5 艶やかで鮮やかなりんごの木と（板柳町） 6 秋色の入り口（六ヶ所村） 7 青森のアップルストアです（板柳町） 8 ひと休憩しましょう（東北町） 9 全長300m、鶴の舞橋（鶴田町） 10 逞しき寒立馬（東通村） 11 過ぎゆく日々（五戸町）

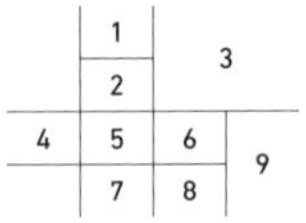

1　大湊線を踏切から（横浜町）2 目が合いました（平内町）3　恐山、気づけば天国（むつ市）4 美味しい風が吹く（深浦町）5　橋を渡って（大鰐町）6 キリストのお墓（新郷村）7 秋が近づく気配（三戸町）8 船の留守番（外ヶ浜町）9 斜陽館、太宰治を思いながら（五所川原市）

1 2 3
4 5 6
7 8 9

1ハシゴの影は斜めに（南部町）2 国道に沿ってかけぬける（三沢市）3 野辺地湾と青空（野辺地町）4 幸せのカケラ（階上町）5 青森最後にやって来たまち（田子町）6 日の沈む役場前にて（おいらせ町）7 静かな朝（西目屋村）8 舌鼓を何度打ったか（八戸市）9 弘前藩への入り口、碇ヶ関にて（平川市）

03

岩手県

IWATE

1 黄色と黒のコントラスト（矢巾町） 2 奥には堂々たる金色堂（平泉町） 3 圧巻の北山崎（田野畑村） 4 ドラゴンブルーに息を呑んだ（岩泉町）

縦横無尽に走り続け 繋がって気づく魅力

内陸部と沿岸部で大きく表情の変わる岩手県。そのどちらも原付で何度も往復しながら訪問することは大変だったが、岩手県の魅力を思えば何度でも往復すべきである。

三陸海岸にはじめて訪れたのは晴れた日の早朝で、入り組んだリアス式海岸に差し込む優しい光が本当に美しかった。鋭い岩肌、緑の松、そして深い海、極楽浄土のような海岸線が、見渡す限り続いていく。しかしもちろん、それぞれ沿岸部のまちへ辿り着けば大きな防波堤が海を遮り、暮らしを守る意思表示がなされていた。日常があるからこそ、美しい景色に心を寄せることができる。岩泉町の龍泉洞は日本三大鍾乳洞の一つで、ドラゴンブルーに輝く地底湖には心から感動した。

盛岡市で体験した椀子そばは苦い思い出だ。100杯を目標にして挑んだのだが、お給仕の方に煽りに煽られ、124杯まで食べた。お酒が入っているわけでもなく、あれほど食事の場で苦しかった経験は後にも先にもないだろう。他にも内陸部を巡れば西和賀町は山奥の自然に囲まれた雰囲気に溢れ、花巻市の宮沢賢治記念館で銀河鉄道のロマンに触れ、平泉町では世界遺産の歴史を静かに味わった。撮影禁止の中尊寺金色堂では、奥州藤原氏の繁栄を象徴する、眩しいほどの金箔を目に焼き付けた。

宮古市では偶然にも秋まつりの日と重なり、ゲストハウスのオーナーさんの誘いでサンバチームの山車引きに一緒に参加させてもらった。太鼓や祭囃子、サンバがまちを練り歩くのだが、とにかくすべてカッコいい。今でも、太鼓のリズムはハミング出来るほど鮮明に覚えている。サンバチーム「仲見世バルバロス」さんは東京からやって来た名門のチームで、練り歩きも大トリだ。東日本大震災後の繋がりで、宮古へ来るようになったそうだ。宮古の夜のボルテージはすでに最高潮。「み！や！こ！」と軽快なリズムで挨拶をすれば、あとは我らがバルバロス。サンバのリズムに合わせて練り歩き、これほど楽しくてあっという間な時間はなかった。宮古のまちがとにかく大好きになった一夜だった。

広い岩手県も、それぞれの風土がとにかく面白くてあっという間に巡った感覚だ。1ヶ月ぐらいかけて岩手県をもう一度巡れたら、どれだけ幸せだろうと思う。

1
2 3
4
5

1 町を練り歩こう（山田町） 2 荒波避けてひと休憩（普代村） 3 静かに咲いていた（一戸町） 4 歴通路（れとろ）な広場と夜（久慈市） 5 精一杯、手を合わせた（陸前高田市）

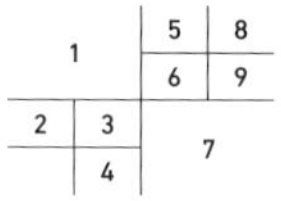

1 宮沢賢治、童話村の世界（花巻市）2 震災までは砂浜だった浪板海岸（大槌町）3 稲穂は黄金色に（九戸村）4 お昼のゆったりした時間（葛巻町）5 奇岩連なる絶景、厳美渓（一関市）6 人類のかつてない体験（金ケ崎町）7 ホタテ貝に願いを込めて（大船渡市）8 世界中を旅した原付（岩手町）9 ほっとゆだ駅は温泉付き駅舎（西和賀町）

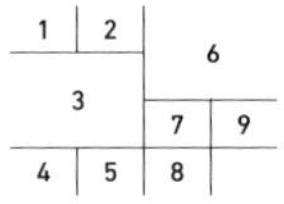

1 小岩井農場の日常（雫石町）2 ボランティアまつりの日（滝沢市）3 黒石寺の静けさ（奥州市）4 木でつくられた電話ボックス（紫波町）5 日々の原風景（遠野市）6「ほにょ」が朝日に照らされ（北上市）7 とうもろこし畑が綺麗だった（八幡平市）8 一人一芸の里、おおのキャンパス（洋野町）9 町産木材を使った消防署（住田町）

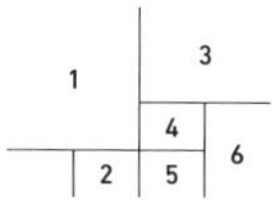

1 防波堤を越えて、朝日が昇る（野田村） 2 放課後の時間（二戸市） 3 サンバのリズムに体を預けて（宮古市） 4 少し休憩しよう（釜石市） 5 苦しかった椀子そば（盛岡市） 6 西日が差し込む（軽米町）

04

宮城県

MIYAGI

1 仙台駅前にて（仙台市） 2 友人に鞄の底を縫ってもらった（仙台市） 3 朱色が美しい鹽竈神社（塩竈市） 4 明日また日がさんさんと昇る（南三陸町） 5 ひとつずつ、職人の命が宿る（蔵王町）

美しい日々と新しい希望を進む

35の市町村で構成される宮城県。大きなまちから小さなまちまで、地域によって形成される特徴はそれぞれ異なり面白い。

一番最初にやって来たのは気仙沼市。広島大学に在学中、友人が学生ボランティアで気仙沼市へ頻繁に訪れていたことから、ずっと行ってみたい場所だった。特に唐桑半島のまちなみはとても好きだ。起伏ある地形に驚かされたが変化に富んだ海岸線も、自然の厳しさと美しさを同時に教えてくれる。海中から空に向かってそびえ立つ高さ16mの大理石の石柱「折石」は明治時代の津波で先端が折れてしまったそうだが、今も津波に耐えたシンボルとして、力強く荒波を退けている。

南三陸町のさんさん商店街は２０１２年に仮設オープンした商店街で、夕暮れに染まる建物からはまた日が昇るという希望が感じられた。女川駅周辺も新しく整備されており、活気が感じられ、沿岸部の地域の新しい雰囲気はどこか心に響くものがあった。

仙台へやってきたら、久しぶりに見る都市の雰囲気に少しギャップを感じた。宮城県へ訪れる場合は仙台を拠点にして、という流れが多いだろうが、この旅をしていると都市も「市町村の一つ」という認識になる。だから、急に巨大な街が現れた、という感覚なのだ。ここでは友人と久しぶりに会って、底がほつれていたカメラバッグを縫い合わせてくれた。とても困っていた問題だったので、仙台の街にはもう頭が上がらない。名物の牛タンは肉厚で熟成された風味豊かな味に驚いたし、ずんだシェイクは思わず声が漏れるほどに自分の好みを射抜かれる美味しさだった。

蔵王町ではみやぎ蔵王こけし館へ。数え切れないほどのこけしが出迎えてくれた。宮城の伝統こけしは原木の段階から、顔・胴の描彩、仕上げまでの全工程を一人のこけし工人が行うことを知って、伝統の奥深さに気づかされた。白石市の宮城蔵王キツネ村では１００匹以上の可愛らしいキツネが大自然の中で暮らす様子にとにかく癒された。丸森町ではかつての豪商のお屋敷、齋理屋敷で江戸時代まで遡る長い長い歴史の雰囲気を感じることができた。だから２０１９年の台風19号で、大規模な河川氾濫や土砂災害が起きた丸森町のニュースを見ることはとても辛かった。どうか少しでも、穏やかに日々が進んでほしい。

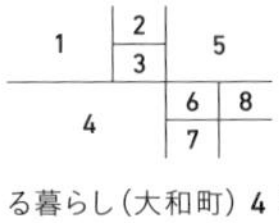

1 もうすぐ稲刈り（涌谷町）2 がんばろう前へ（七ヶ浜町）3 自然と対話する暮らし（大和町）4 霊験あらたかな竹駒神社（岩沼市）5 全国に誇る名物、秋刀魚の季節（女川町）6 この先は広いお屋敷（丸森町）7 当時の役場前の日常（亘理町）8 日が沈み、街灯がともる（大河原町）

1	2	5
	3	6
	4	7

1 お昼寝の時間です（白石市） 2 穏やかな道の駅にて（村田町） 3 城跡の歴史を感じながら（多賀城市） 4 もうすぐ真紅に染まるコキア（川崎町） 5 役場に人が集まっていた（柴田町） 6 日々の生活（栗原市） 7 雨降る静かな朝（七ヶ宿町）

JAXA角田宇宙センター

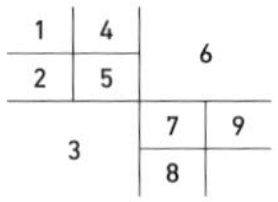

1 日和山公園でこんにちは（石巻市） 2 美しい自然に囲まれ（大衡村） 3 高さ16mのシンボル、折石（気仙沼市） 4 津波の後に助かった話を聞いた（石巻市） 5 日々の音がする（名取市） 6 宇宙への希望と歴史（角田市） 7 向日葵と西日（大郷町） 8 明治が流れる旧校舎（登米市） 9 ブランコと赤い彼岸花（大崎市）

1 一面の花々と青空（加美町） 2 奥松島へ船に乗って（東松島市） 3 秋色のコントラスト（色麻町） 4 役場前、今は新庁舎ができた（山元町） 5 日は沈み、踏切は空へ溶ける（美里町） 6 ゆっくり信号待ち（利府町） 7 住宅街が重なるように（富谷市） 8 日本三景のひとつ、松島を歩く（松島町）

05

秋田県

AKITA

1 秋色の穏やかな住宅街へ（八郎潟町）2 ハチ公の里、大館駅前にて（大館市）3 心落ち着く角館（仙北市）4 堂々たる迫力を知った（男鹿市）

旅の恐怖と ずっと行きたかった場所

日本海側の沿岸を山形県から北上するようにして、秋田県へやって来た。しかし、秋田へ突入した当日は台風21号が太平洋側で猛威をふるっていて、夜にかけて東北を通過する予報。その日は移動が間に合わずやむなく野宿をした。日が落ちて、暴風で原付は飛ばされそうになるし、海が近く大潮で波があふれたら終わりだという恐怖が脳裏から離れない。しかも、真っ暗で一人なものだから、余計に怖いのだ。もしかしたら……という恐怖感は旅の中で一番あったかもしれない。翌朝、嵐が去り、無事であることのありがたさを噛み締めながら秋田を巡る旅をスタートした。

にかほ市には、シンボルの鳥海山から土砂の流入によって形成された九十九島という小さな丘が、日本海に届くまで点在している。田園地帯に島々が浮かんでいるように見える風景は独特そのものである。横手市の増田地区では奥ゆかしき商家の町並みが残る。そこには、「内蔵」と呼ばれる江戸時代には収納用の土蔵（文蔵）であったものが、数多く残されている。外装の造りの曲線、美しい艶は建物の中にあるとは思えないほど立派なもので、その素晴らしさを店主のおじいさんはとても丁寧に優しく教えてくださった。

秋田市の少し北、五城目町はずっと行きたかった町。『True North, Akita.』という五城目町を舞台とした動画が大好きで、動画の中では夏や冬の人々の日常がこれ以上なく美しく、切り取られている。やっと訪れることができた時にはその雰囲気をほんの少し感じられただけでもグッとくる感動があった。

男鹿半島ではなまはげ館男鹿真山伝承館へ訪問して初めて本物のなまはげと遭遇した。なまはげが雄叫びをあげながら家へやって来る実演を拝見したのだが、その迫力は大人でも鳥肌がゾッと立つほどだ。なまはげの訪問の仕方には地域差があるものの儀式的な一連の流れが存在する。「雄叫びをあげて、帰っていく」というメディアで切り取られやすい部分以外の、なまはげとお酒を酌み交わしたり、会話をしたりするという一面は、知ることができてよかったことのひとつだ。

秋田で流れる時間を味わうには、正直まだ全然時間が足りていない。思い返すほどに行きたくなってしまうので、困ったものである。

	1	3	5
	2	4	
6	7	9	
	8		

1 花が青空に反射する（五城目町） 2 高校生の写真の集い（北秋田市） 3 穏やかに空が流れる（大仙市） 4 道の駅でお買い物（八峰町） 5 艶やかな、美しい内蔵（横手市） 6 鉱山で栄えた明治時代（小坂町） 7 バス停と家と日本海（由利本荘市） 8 展望台から田んぼを眺める（潟上市） 9 居酒屋で沁みたきりたんぽ（秋田市）

1	2	4	6
	3	5	
7	8	9	11
		10	12

1 透き通る秋（東成瀬村） 2 素直に左へ（鹿角市） 3 源義家の歴史を残す地（美郷町） 4 鳥海山と九十九島（にかほ市） 5 秋田杉の歴史を感じながら（上小阿仁村） 6 干拓された新生の大地（大潟村） 7 由緒ある旧料亭金勇（能代市） 8 世界遺産、白神山地を知る（藤里町） 9 秋田の地産地消の形（羽後町） 10 道の駅へ国道7号線に沿って（三種町） 11 朝の川沿いに軽トラ一台（井川町） 12 雪の降る暮らし（湯沢市）

06

山形県

YAMAGATA

はじめまして東北
山形県、35のまちなみ

今まで人生で一度も東北へは行ったことがなく、正真正銘はじめての東北旅が山形県からはじまった。新潟県関川村から小国町へ入ったのは土砂降りの夜で、体がキンキンに冷えながら道の駅で野宿した初夜はほろ苦い。それから合わせて35ある市町村を順に巡って行った。

米沢市の上杉神社では「なせば成るなさねば成らぬ何事も」と、借金を抱えた米沢藩の財政難を立て直した上杉鷹山の言葉が石碑になっており、私も力をもらった。山形市の市街地に一際目立つ西洋建築の文翔館は旧県庁舎および旧県会議事堂で、大正初期へタイムスリップした気分になれる。大江町の道の駅では元気なおばちゃんが「玉こんにゃく食べな！」と声をかけてくれた。

金山町ではまちを歩く中で「(充電しながら原付で旅する)テレビの番組ですか!?」と勘違いされ、その繋がりで数珠つなぎに人を紹介してもらった。元ＪＡＸＡの方とも仲良くなったが、頭の回転がすこぶる速いことに慄いた。尾花沢市の銀山温泉は一度行ってみたかった温泉街。冬の雪景色と温泉街の懐かしいまちなみ、そして日が暮れてガス灯が灯ればロマンチックの一言以外思い浮かばない。訪れた時期は冬ではなく、雪景色ではなかったけれど、それでも銀山温泉を歩くことは心の底から楽しかった。村山市の「こめやかたゲストハウス」さんには2泊させてもらったのだが、オーナーさんが農家も兼業されており、頂いた山形県産の美味しい美味しいお米が本当に大好きだった。お宿の温かな雰囲気そのものが、どこか山形県の温かさを象徴しているような気がした。オーナーのお父様と仲良くなり、お手紙のやり取りをさせてもらっていることも、すごく幸せなことだと思う。

1 変わらないやさしい灯り（山形市）2 武家屋敷の風情（上山市）3 至高のワインができるまで（朝日町）4 田園進む、朝の米坂線（米沢市）

鶴岡市では同級生の友人にお世話になった。一緒に羽黒山へ行き、国宝羽黒山五重塔から出羽三山神社まで２４４６段の階段を上ったのだが、今振り返っても友人に謝りたいほど、長くキツい道のりだった。それから夕方に海へ連れて行ってもらうと、ずっと山形県の内陸部を進んでいたことに気づいて、久しぶりに見る穏やかな海のさざ波が、いつも以上に大きく感じられた。酒田市の土門拳記念館は写真を撮る人間として絶対に行きたかった場所。１日あっても足りないほどに「写真とは何か」考えさせられた。最後に訪れた遊佐町の「丸池様」はエメラルドグリーンをした神秘の泉として知られている。鳥海山の麓、豊かな自然の美しい世界は地元の人々にとっては信仰の対象。仲良くなった地元の年配のご夫婦が、池の小さな神社や、立派な木々に手を合わせたりする姿は、はるか昔からこの地が地元の方々に大切にされてきたことを教えてくれた。

はじめての東北、山形県。これからの東北旅の続きは大丈夫なものかと危惧したくなるほど数えきれない魅力を知ってしまった。

1 2 3 4

1 銀山温泉の風情（尾花沢市）2 国宝、羽黒山五重塔（鶴岡市）3 今日は鳥海山が美しい（三川町）4 数珠つなぎの出会い（金山町）

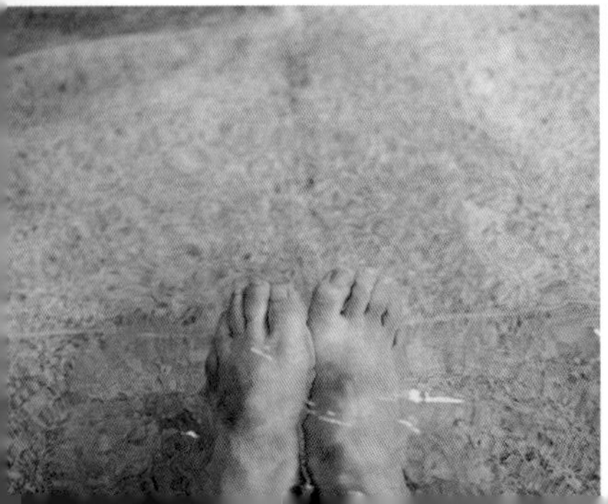

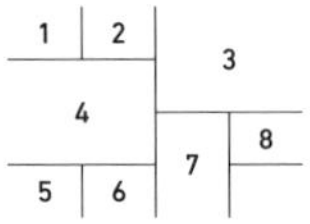

1 町の雰囲気を感じながら（舟形町）2 道の駅で食べた麦切り（寒河江市）3 東北の伊勢、熊野大社の風鈴（南陽市）4 正源寺の山門前に線路が通る（真室川町）5 足湯でひと休み（天童市）6 水平線に夕日が沈む（鶴岡市）7 大きな杉の木（鮭川村）8 自然の鉛筆（金山町）

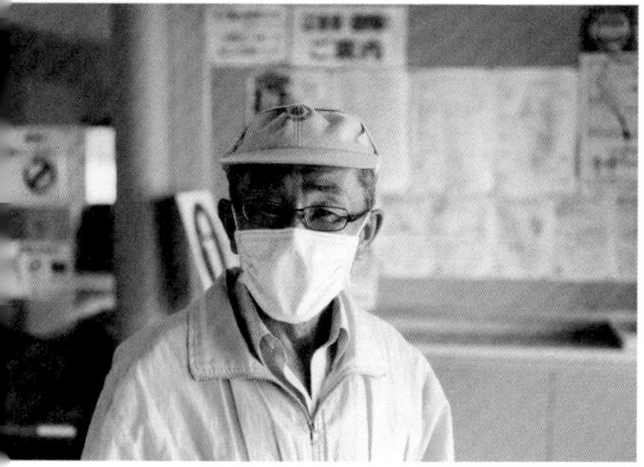

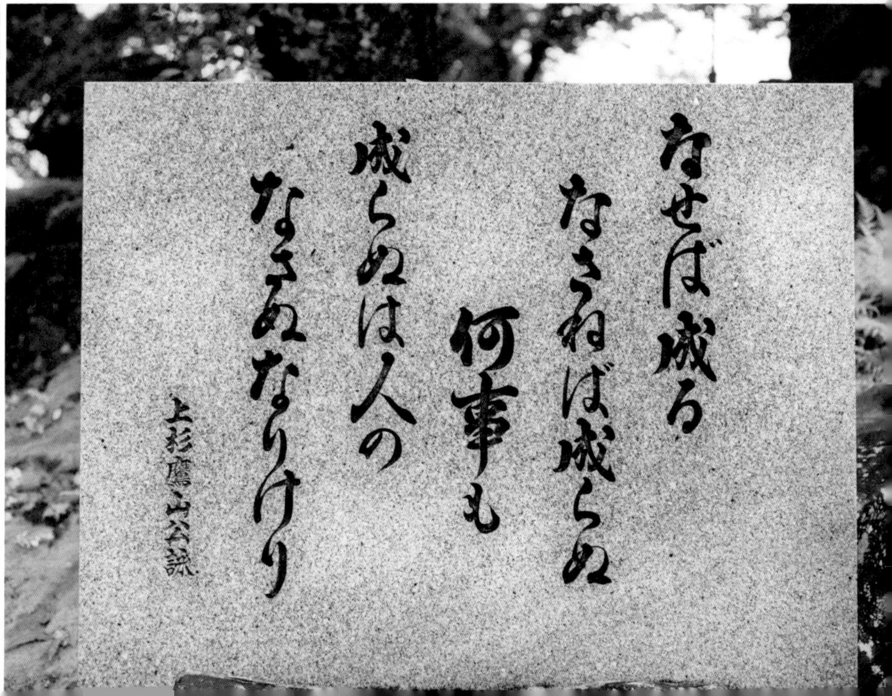

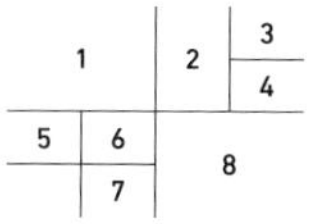

1 順番に、美しく（朝日町）2 雄飛する町のシンボル（白鷹町）3 スッと伸びた（庄内町）4 はじめての東北は土砂降り（小国町）5 朝五時半におじさんと挨拶（飯豊町）6 日韓友好の村の高麗館（戸沢村）7 街灯は泣いた赤おにと三重塔（高畠町）8 私の旅そのもの（米沢市）

1 2 3
6
4 5
7 8

1 温泉街も日が落ちてきた（尾花沢市）2 さくらんぼ産地の中心街（東根市）3 温かなゲストハウスの夜（村山市）4 写真家、土門拳のふるさと（酒田市）5 時代絵巻、新庄まつり（新庄市）6 雨は降り、景色はいつも通り（長井市）7 どうも、はじめまして（河北町）8 月曜日がはじまった（大蔵村）

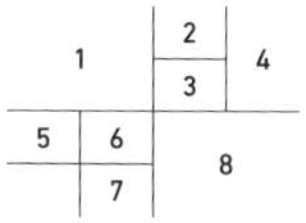

1 お〜いしだは素敵な町（大石田町）2 ラバーポールと花と（川西町）3 今日はお祭りの日（最上町）4 神秘的な丸池様（遊佐町）5 自然に囲まれた暮らし（西川町）6 自分のペース（山辺町）7 渡るときは手をあげて（中山町）8 ソウルフード、絶品の玉こん（大江町）

07

福島県

FUKUSHIMA

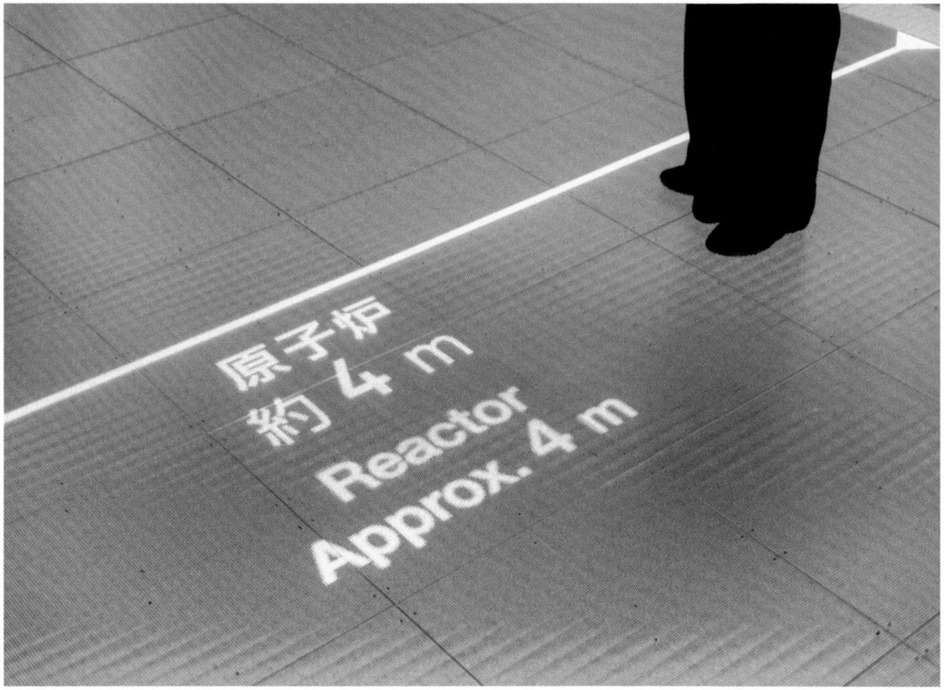

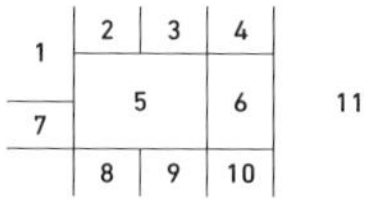

1 天領の郷とお代官様（塙町）2 明治を味わう旧伊達郡役所（桑折町）3 全村避難を経て、道の駅にて（飯舘村）4 雨降る八槻都々古別神社（棚倉町）5 廃炉資料館とこれから（富岡町）6 カーブミラーに映る日々（鮫川村）7 冷たい雨の日のこと（西会津町）8 奥州関門の名城、白河小峰城（白河市）9 復興フラッグがなびく（新地町）10 黄金に輝く稲穂（泉崎村）11 茅の葺き替え、大内宿にて（下郷町）

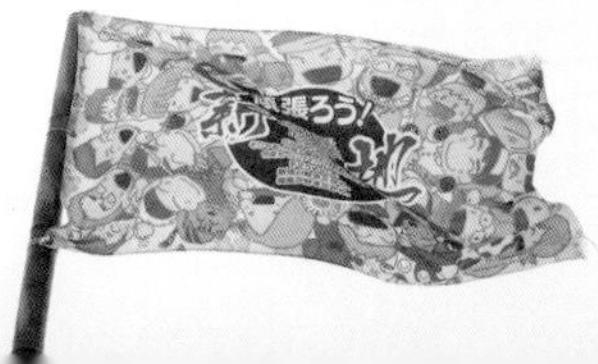

全てを巡るのは難しいと思っていた

福島県は日本で6番目に多い59の市町村で現在構成されている。私にとっては、果たして全て巡れるものかと不安を覚えるほどの壁であった。よく巡れたものだと今でも思う。

特に好きな場所は会津地域。難攻不落の名城とうたわれた鶴ヶ城は会津若松市のシンボルでそれは美しく、天守閣がそびえている。公園内にある茶室麟閣は千利休の子、少庵が会津にかくまわれたことで茶道のともし火が残り、現在の表千家、裏千家、武者小路千家の三千家が興されたことに繋がったという。私は在学中、茶道部に所属していたので、聖地へ巡礼したような気持ちになった。他にも猪苗代湖や会津の美しい山並みは素晴らしく、訪問時はちょうど稲穂が黄金色の頃で、美しい海のように揺れる稲穂と青空のコントラストは印象深かった。

奥会津へ行くと、一味違う景色が広がる。内陸ながら広々と感じていた会津地域から更に南西へ、奥へ進めば山深い地域に小さな集落が点在している。最奥の檜枝岐村は原付で行くには本当に遠く、周囲は２０００ｍ級の山々に囲まれ、高冷地の秘境さには息を呑む美しさと独特の雰囲気があった。内陸部で一番遠いと感じる場所だった。村内の大切な文化として残る奉納歌舞伎で使用される木造の舞台や、屋外につくられたアーチ状の石段の座席はまさにローマの古代遺跡のようで、道沿いにひっそり佇む六地蔵やハサミのお供え物で溢れた橋場のばんばなど、小さな村を散策する中でも感じられる歴史の深さはとても新鮮だった。市町村一周旅の醍醐味を味わったと思う。

双葉町や大熊町などの浜通りは帰還困難区域に指定されており、原付で通過することはで

1	2	3	
4	5	6	7

1 朝の光を歩く（福島市）2 美容室と屋号看板（三島町）3 格式高い伊佐須美神社（会津美里町）4 気づけばイギリスにいるような（天栄村）5 千家再興の地、麟閣（会津若松市）6 奥の細道、乙字ヶ滝（須賀川市）7 透き通った猪苗代湖（猪苗代町）

きなかった。どうすれば良いかずっと大きな悩みの種だったのだが、クラウドファンディングで出会った岩手県遠野市の方が、南相馬市で地域づくりの活動をされていらっしゃる方に繋いでくださった。その方といわき市で合流し、いわき市から南相馬市まで、国道6号線に乗って車を運転してくださる間、助手席から写真を撮ることができたのだ。お世話になった方は富岡町のご出身で、ご実家は訪問時も帰還困難区域内にあり、実家にはもうおそらく戻ることができないと助手席で聞き、驚きと悲しさが押し寄せた。また富岡町の東京電力廃炉資料館へも連れて行ってくださった。「反省と教訓」「廃炉現場の姿」などが映像やパネル展示によって公開されており、館内はどんな美術館や博物館にも劣らないほどの人で溢れていた。シアタールームにて12分にまとめられた震災直後や発電所の映像を見て、かつての様子が鮮明に思い出されるようだった。とにかく、今後どのような世界が待っているのかは誰にも分からないが、一歩ずつ、納得できる選択を積み重ねたい。

大熊町、双葉町など帰還困難区域内は右も左も警備員の方が24時間体制で常駐しており、通行に関する看板を数えきれないほど通過した。取り壊しを待つ建物群はバリケードによって閉ざされ、時と共に朽ちていくようで静かに泣いていた。自分の眼で見なければならないと思っていた場所を、地元の方に案内していただいたことは大変大きな意味があった。いつまでも忘れずにいたい。その日は南相馬市の小高地区で宿泊させてもらったのだが、お世話になった方と同じ職場の皆さんで集まってPerfume鑑賞会があり、とても楽しい夜になった。新しい未来がここにはある。旅が無事に終わったご挨拶に、ちゃんといつか行けるといいな。

1		2	3	4
		5	6	7
8	9	10		11

1 夜の街並みを進む（郡山市）2 右も左も秋模様（大玉村）3 日本三大開拓地の一つ（矢吹町）4 おふくろの駅と木彫り（古殿町）5 町名産、鮭が遡上する木戸川（楢葉町）6 宿でご一緒した皆さんと（昭和村）7 道の駅で朝からの賑わい（国見町）8 立ち入りとスクリーニング（浪江町）9 佇むように咲く（鏡石町）10 そのままの景色（双葉町）11 配達のおばさんと会釈した（矢祭町）

1		2	3	4
		5		6
7	8			9
10	11	12	13	

1 河川敷近くの空（湯川村） 2 雨降る路地（川俣町） 3 今年の実り（伊達市） 4 静かに風に揺れる（葛尾村） 5 イチョウと長床の歴史（喜多方市） 6 まもなく日の沈む頃（いわき市） 7 懐かしさを巡る（会津坂下町） 8 国道6号線を進む（広野町） 9 バスやトラックが多かった（大熊町） 10 歌舞伎舞台に石段の客席（檜枝岐村） 11 朝の通学の時間（玉川村） 12 傘と先生（浅川町） 13 役場近くに秋の実り（中島村）

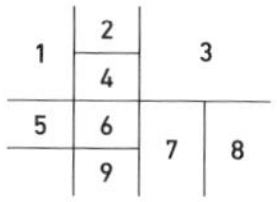

1 二本松城と美しい石垣（二本松市）2 魔除けの神様、屋形のお人形様（田村市）3 小高い安達太良神社のそばにて（本宮市）4 雨のしぶき（金山町）5 低めのカーブミラー（小野町）6 圓蔵寺から柳津橋を眺める（柳津町）7 穏やかに走り抜ける（西郷村）8 静かに佇む六地蔵（檜枝岐村）9 小高で皆さんと最高の時間（南相馬市）

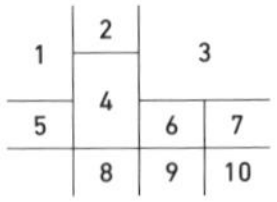

1 今日は中秋の名月（磐梯町） 2 裏磐梯の美しい桧原湖（北塩原村） 3 どこか懐かしい日々（南会津町） 4 ソッと雨は上がり（平田村） 5 冬の暮らしを思う（昭和村） 6 力強い相馬中村神社（相馬市） 7 朝９時の駅前を進む（石川町） 8 雨の風情が溢れる（只見町） 9 春でなくとも見事な滝桜の巨木（三春町） 10 かつてのB29襲来と爆心地（川内村）

人とのつながり

旅をする以前のつながり

人とのつながりについて思うことは、まず旅をする以前のつながりに大きく助けられたということだ。そもそも、人とのつながりがなければメンタル的にもこの旅は100%終わっていない。絶対に終わっていないのだから、人とのつながりは旅の必須事項だった。誰かのお家には、40箇所以上宿泊している。図々しさがバレてしまって恥ずかしいが、2泊以上の場所を考えれば総じて3ヶ月は誰かのお家にお世話になっているだろう。各地にいた高校の同級生、大学の先輩、友人の実家、もちろん初めて会う人のお家にもお伺いしたが、やはり旅をはじめる以前からのつながりに、まず大きく助けられているのだ。だから、いま思えば旅はとうの昔から、すでにはじまっていた。はじめていて、よかった。どうしてこんなに助けてもらえたのだろう。ひとつ、はっきり分かるのは、お世話になった人たちのことが、元から好きだ。だから会いたかったし、声をかけられた。生きていて、好きな人たちがたくさんいるのは、良いことなのかもしれない。無理をする必要はないけれど、小さな出会いを大切にしたい。旅をしようがしていまいが、ずっと続く話である。

いろいろな出会い

旅の出会いは、一期一会だ。いつどこで、誰と出会うのだろう。そんなことは、誰にも分からない。無限の可能性は、旅を進める原動力になる。

東京都八丈島のキャンプ場で出会った方は、謎のオーラに包まれていた。「只者ではない」という雰囲気である。話を聞くと、「日本なら18周ぐらいしたワ」とさらっと衝撃発言。かつて歌舞伎町で磨いたというトークはあまりに抜群で、お金が取れるスキルとはこのことだと悟った。

北海道札幌市は、人生で初めて職務質問を受けた場所だ。旅の格好が警察の人にとって怪しかったらしい。「職質は、周りからこんな視線を浴びるんだ」白昼の大通りで感じた冷たい目線は忘れられない。事情を説明すると「思い出づくりなんだね」と言われたが、そんな生温い覚悟でここへは来ていない。北海道の全てを巡りに来たんだ。反論したかったが、ビビって「そんな感じです…」と呟いた。

福岡県上毛町では野球をしている少年と仲良くなり、「お兄ちゃん打ってみて」と一打席勝負。中学時代は野球部で、部員80人の4番打者がわたしである。ピッチャー渾身の一球はど真ん中へ。思い切り打つか、空振りするか、どうする。いや、ここはホームランだ。思い切り飛んだ白球を見て喜ぶ少年の顔を想像して振り抜いた打球は、まさかの美しいピッチャー返し。どうしてここで基本に忠実なことを…。少年は無事だったが、大変気まずいお別れだった。ビックリさせちゃって、ごめんね。

挨拶で伝える

旅の道中で誰かと出会い、その場で仲良くなるケースとして、相手に話しかけられたから、というのはあまり思い浮かばない。基本的にはわたしから話しかける。たとえば小さな集落で、散歩するおじいさんとまもなくすれ違う。こういうときは、堂々とよそ者になる。コツはひとつ、とにかく「挨拶」だ。相手の目を見て、よそ者らしい元気な「こんにちはーっ！」という挨拶が、「わたしはよそ者ですー！」というメッセージとなって伝われば、あとは意外となんとかなる。そこには「お邪魔させてもらっていますー！」という気持ちも含まれている。このとき怪しいヤツ、から、面白そうなヤツ、に変わる。そして仲良くなれば、おじいさんの話はだいたい訛りが強くて聞き取れない。

小さな離島などを歩いて散策するとき、おおよそすれ違う車にも会釈をする。小さなコミュニティだと車同士で挨拶をする文化があるし、歩行者のわたしとすれ違うとき、だいたい見ていないフリをして、しっかり見られている。とにかく地元の人からすると、自分がよそ者であることは一目瞭然なのだから、よそ者としての挨拶は先にする方が良い。

よそ者で、お邪魔させてもらっていること。相手へのリスペクトであるし、相手に受け入れてもらえるきっかけにもなる。もちろん話しかける前に「（ああ、どうしよう…声を、声をかけるしかないのか…！）」という葛藤はいつもある。

長崎県壱岐市（仲良くなった壱岐島のおじいちゃん）

茨城県龍ケ崎市（一番長い期間お世話になったお家）

08 IBARAKI 茨城県

1 神気溢れる御岩神社（日立市） 2 新鮮な海の幸が並ぶ（ひたちなか市） 3 バンジーもできる大吊橋（常陸太田市） 4 2020年8月14日で120周年の竜ヶ崎線へ乗ろう（龍ケ崎市）

ただ、心の底から大好きな場所

44の市町村で構成される茨城県。魅力度ランキングで最下位になってしまうことが多いけれど、このランキングを調査している人はもちろん茨城へ来たことがあるのだろうか？　そうでないのに評価しているのであれば、「異議あり」と宣言したい。

大子町の袋田の滝は日本三名瀑に数えられる国名勝の滝。トンネルの奥に設置された観瀑台から眺める高さ１２０ｍ、幅73ｍの巨大な滝は凄まじい轟音と迫力が出迎えてくれる。常陸太田市にある竜神大吊橋は全長３７５ｍもある吊橋。高さ１００ｍ、日本最大級のバンジージャンプも楽しむことができる。実際に橋の高さを感じてしまうと、テレビで見るバンジー企画のように「早く飛べ」なんて絶対に言えない。でもいつか、チャレンジしてみたい。ひたちなか市の那珂湊おさかな市場はお魚のテーマパークのように豊富な種類の海産物が新鮮そのままに楽しめる。旅でなければ両手で運べるだけ買い占めて、家でパーティーができるのにと、磯の香りに誘惑された。

阿見町にある予科練平和記念館は、誰もが人生で一度は訪れるべき場所だと思う。予科練とは海軍のパイロットになるため訓練に励む練習部生を指す。二十歳に満たない若い青年が親元を離れ集団生活を行いながら、厳しい訓練の日々を送るのだ。館内は撮影禁止だが、予科練生の訓練の様子や暮らしが、大小様々な写真で展示されている。写真家の土門拳が撮影した写真だが、彼らの日常が現代の私たちから見ればいかに非日常で、真っ直ぐで、儚く美しく、また悲しいものであるか、体全身に嘘偽りなく伝わってくる。このインパクトは目にも心にもずっと焼き付いたままだ。

龍ケ崎市では、とあるご夫婦のおうちで大変長い間お世話になった。友人の紹介で訪れ、初対面だったものの「好きなだけいていいから」と言ってくださり、気づけば１ヶ月ほど、関東を巡る拠点にさせていただいた。おうちの雰囲気は天国のように明るく、ご近所さんは勝手に気軽に入ってくるし、不思議なほどの居心地の良さに日々救われるような気持ちだった。私は一生返せないご恩を茨城の地でもらっている。全てを振り返っても、自然、人、ひとつひとつが美しく懐かしく、そして温かい。私は心の底から茨城県が好きである。

1	3	6
2	4	
5	7	9
	8	

1 懐かしい水郷の情緒（潮来市）2 笠間稲荷神社の門前通り（笠間市）3 茨城空港のテラスから（小美玉市）4 東国三社巡り、息栖神社（神栖市）5 六角堂から太平洋を臨む（北茨城市）6 フェンス越しに（常陸大宮市）7 関東最古の名社、鹿島神宮にて（鹿嶋市）8 霞ヶ浦のそばにて（かすみがうら市）9 道の駅ライブで頂いたステッカー（境町）

1		5	9	11
		6	10	12
2	3	7	13	
	4	8		

1 暮らしの中を進む（結城市）2 スピードに乗って（美浦村）3 曇りでも美しい（東海村）4 旅を応援してくれる方のお家で（石岡市）5 海が近い大洗磯前神社（大洗町）6 色んなおもちゃが並ぶ（那珂市）7 柳田國男、第二の故郷（利根町）8 日本三名園に夕日が差す（水戸市）9 学生の雰囲気（つくば市）10 風で吹き飛ばす（常総市）11 レンガの残るまちなみ（古河市）12 懐かしい曲がり角（鉾田市）13 芝刈りの時間（城里町）

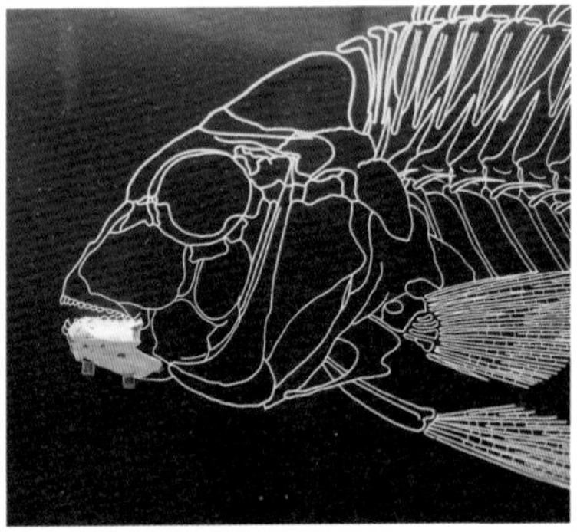

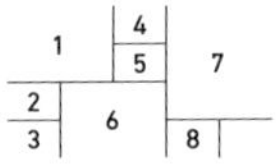

1 いつもの畑仕事（河内町）2 穏やかな光と影（坂東市）3 夢をむすぶ豪華なあんばさま（稲敷市）4 美術館らしさ（筑西市）5 考古資料館で見たマダイの歯（土浦市）6 堰から小貝川を眺める（つくばみらい市）7 大自然に眼と耳が魅了された（大子町）8 若い命を知り、魂が震えた場所（阿見町）

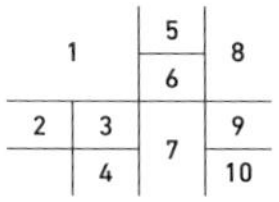

1 放課後の時間（取手市）2 花貫渓谷の吊橋から（高萩市）3 雨引観音にてアヒルさん（桜川市）4 肥沃な土地広がる野菜王国（八千代町）5 道の駅で準備を整えて（下妻市）6 河川敷を下りて小さな路地へ（行方市）7 しっとり美しく咲く（守谷市）8 高さ120m、世界最大級の背中（牛久市）9 新鮮でどきどきなお買い物（茨城町）10 インター沿いの道の駅にて（五霞町）

1 バイク神社の黄金狛犬（高根沢町）2 昨日はみんみん、今日は正嗣（宇都宮市）3 幻想的な大谷資料館（宇都宮市）4 日光の社寺で迎える朝（日光市）5 日本最古の学校へ（足利市）

09

栃木県

TOCHIGI

時代を築いた歴史の薫り

栃木県はとてもバランスが良い。大きなまちから有名な観光地まであれば、穏やかな日常も流れている。いぶし銀ではないけれど、栃木県の魅力が分かる人ほど日本のことをよく分かっていると思う。

栃木市は蔵のまちとして知られ、昔ながらの雰囲気が色濃くまちに息づいている。黒塗りの重厚な見世蔵や白壁の土蔵は美しく、そして落ち着いている。コンビニもまちなみに合わせたシックな装いで統一感があった。那珂川町の馬頭に残る全長1㎞の古い町並みは実にノスタルジックだ。通りは電線が地中化されていて、懐かしい町並みの中へ本当にタイムスリップしているかのような不思議な違和感と居心地の良さが堪らない。

宇都宮市では大谷資料館という巨大な地下空間へ訪れた。かつて採掘が行われていた良質な石材、大谷石の地下採掘場跡地だが、インディ・ジョーンズの世界さながらの異様な空間は神秘的で驚きを隠せなかった。多くの映画やテレビドラマの撮影が行われたことも納得だ。宇都宮市ではもちろん、餃子を食べたのだが、本当に何個でも食べられるような美味しさに完全ノックアウトされてしまい、翌日もまた餃子を食べたのだった。

世界遺産に登録されている日光の社寺、仏教と神道が融合した独自の信仰はやはり異様であり、素晴らしい。その中でも三猿に表現される処世術や東回廊に飾られている眠り猫などに象徴されているように、平和を願う思いが込められている建築には、華美な装飾だけではない時代の美しさがグンと込められている。鹿沼市の古峯神社は「天狗の社」として知られ、境内にはたくさんの天狗の面や天狗にまつわる奉納品が飾られている。天狗の御朱印が人気を集めているものの、大拝殿が珍しい茅葺きであったり、社殿にはおよそ90㎝もある大天狗の面があったり、天狗信仰による歴史の深い面白さを感じられた。

足利市にある足利学校は「日本で最も古い学校」として知られている。平安時代初期、もしくは鎌倉時代に創設されたなど諸説はあるものの、中世の高等教育機関として学生を養成し、16世紀の初頭には生徒が三千人を数えたという。まさに現代へと受け継がれるべき日本遺産だろう。史跡内はもちろん、周辺の足利というまち全体の雰囲気が懐かしい。

1 あちこちに立派な柿（塩谷町）2 馬頭の記憶を辿る（那珂川町）3 今宵はお祭り、花火大会（矢板市）4 轟く龍門の滝（那須烏山市）5 役場前通りから（芳賀町）6 ホフマン式の煉瓦窯（野木町）7 明日も進む（小山市）8 蔵のまちを歩く（栃木市）9 あっという間に秋（益子町）10 賑やかな那須高原へ（那須町）

1		6	9
		7	10
2	4		11
3	5	8	

1 通学の時間（壬生町）2 役場と落ち葉（上三川町）3 懐かしさを歩く（さくら市）4 天狗の社で手を合わせる（鹿沼市）5 日本一のゆず塩ら～めん（茂木町）6 道の駅の直売所（那須塩原市）7 奥の細道、雲巌寺（大田原市）8 心くすぐる真岡鐵道（真岡市）9 道の駅と大きなだるま（下野市）10 隙間にイチョウ（市貝町）11 葛の里壱番館は日曜日（佐野市）

10

群馬県

GUNMA

1 山奥に水澤観世音（渋川市）2 分福茶釜とたぬき（館林市）3 田園プラザでひと休み（川場村）4 湯畑は煙る（草津町）

35の出会いと1000番目の市町村

とにかく、群馬県は面白かった。合わせて35の市町村があるけれど、エリアによってまるで文化から異なるような雰囲気が感じられる。冒険家の気分で日々を進めた。

栃木県から群馬県へ入り、大泉町では想像以上の異国情緒が広がっていた。人口の15％以上が外国籍という異色のまちは、ブラジル人向けのスーパーやレストランが建ち並び、車も大きく、道端で話している人もみな外国の方ばかり。日本にいて、海外へ来たような感覚を味わえるとは思ってもみなかった。翌日、伊勢崎市で出会ったわずか5分ほどの朝焼けは、旅の中でも鮮明に焼きついた、深紅に染まった5時半過ぎの空だった。神流町や上野村の多野郡へ入り、南牧村や下仁田町など甘楽郡を通っていく間は細い山奥を進む秘境旅でドキドキした。また、榛東村では世界一のつるし飾りが「地球屋」という雑貨屋さんで見ることができる。一万三千個を超えるつるし飾りが店内に飾られ、その光景は万華鏡の世界に入りこんだようだった。このつるし飾りのきっかけは東日本大震災。福島県の方々が群馬県へ避難されてこられた中、お店の社長さんが避難所で開催したつるし飾り教室から、一緒に世界一に挑戦しようという話へ結びついたそうだ。

日本三名泉の一つ、草津温泉は湯畑を中心に温泉街を歩くだけでも心が温まる。共同浴場の白旗の湯へ入ったのだが湯船は45℃を超えていて、一瞬で体がポカポカになった。その日は肌寒く、凍えながらやって来たはずなのに、草津温泉を離れるときは体も心もカイロになったみたいに気持ち良くて幸せだった。

1741の市町村がある中で、桐生市は記念すべき1000番目のまちだった。「1000」という数字はとても大きな目標だったので達成できた瞬間は本当に嬉しかった。その桐生市では偶然、紹介でお会いしたご夫婦のおうちに宿泊させてもらった。一人で進む時間が多い旅路で、このタイミングで人と出会い一緒に過ごすことができたことはまたさらに嬉しくて。さらに、奥様のご紹介で、機織り体験をさせてもらった。桐生市は東日本を代表する織物の産地。まさか旅で機織りができるとは思っていなかったし、それが1000番目の桐生市で叶ったということも、不思議で仕方がなかった。きっと何かの縁なのかもしれない。私にとって群馬県は替えがたい、ありがたい存在だ。

1 石垣を見て、金山城跡（太田市）**2** こんにゃくパークのバイキング（甘楽町）**3** たくみの里を散歩して（みなかみ町）**4** 万華鏡のような（榛東村）**5** 観音山から眺める（高崎市）**6** 吹割の滝に吸い込まれる（沼田市）**7** 簡単には出せない渋さ（南牧村）**8** 道の駅にも温泉（東吾妻町）**9** 村が恋しい（嬬恋村）

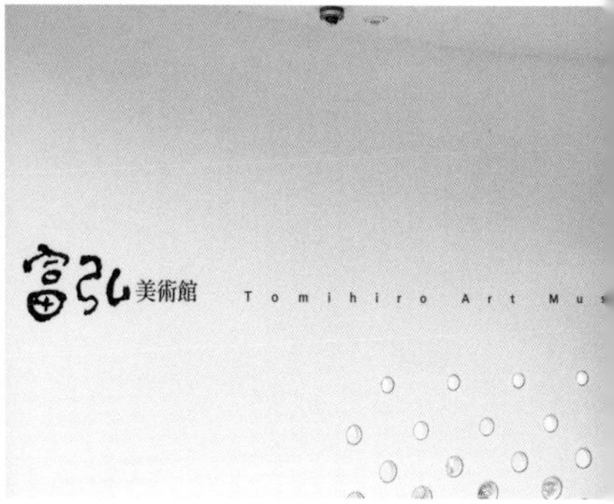

1 神流川に沿って（神流町） 2 月曜になっちゃったね（藤岡市） 3 雷電神社の参道にて（板倉町） 4 生きる素晴らしさを知る場所（みどり市）

富岡製糸場

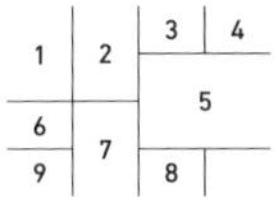

1 明朝の5分（伊勢崎市）**2** 約90年間、お疲れ様でした（長野原町）**3** 秋の色（千代田町）**4** いろんな暮らしがある（大泉町）**5** 一緒にずっと（下仁田町）**6** 優しい光（中之条町）**7** 世界に誇る工場（富岡市）**8** 里山に尾瀬の賑わい（片品村）**9** スカイブリッジから眺める（上野村）

1	2	3
4	5	6
7	8	9

1 機織り体験の思い出（桐生市）2 ハートの幸せ（高山村）3 石打こぶ観音、明言寺（邑楽町）4 県庁から一望する（前橋市）5 温泉と風車（吉岡町）6 帰り道（明和町）7 市役所にて（安中市）8 昇龍、勝運V字の松（玉村町）9 朝は6時半（昭和村）

11 埼玉県

SAITAMA

1 聖天宮に龍が昇る（坂戸市）2 武蔵国二宮、金鑽神社の静寂さ（神川町）3 清々しい秋の空気（小鹿野町）

小さくて奥深いまちなみを翔ける

埼玉県は全国3位、北海道、長野県に次ぐ63の市町村で構成されている。大きいわけではない面積に、これほどの市町村があるという事実も驚きだったし、どんな世界が待ち受けているのだろうと不思議な気持ちになった。

印象深い地域はたくさんある。深谷市は赤レンガ造りで栄えたまち。深谷駅は東京駅のようなレンガ調で、早朝に薄暗い光の中でもレトロな時間が流れていた。63の市町村で唯一の村である東秩父村は和紙の里として、代々受け継がれて来た伝統和紙「細川紙」が有名だ。県内唯一の村と知って驚いたが、長閑な自然に囲まれた広々とした暮らしは私に新しい埼玉を教えてくれた。そして秩父のまちなみ。アニメの聖地にもなっているように、極端に都会や田舎なわけでもないものの、丘陵山々に囲まれ、どこか懐かしく感じられる風景は唯一無二の秩父の魅力だ。また奥秩父、標高1100mに鎮座する三峯神社は関東屈指のパワースポットとして知られ大変人気のある神社だが、原付ではとにかく遠く、気合いで訪れた。その神聖な境内は歩くだけでエネルギーが補給されていくようで、今思えば三峯神社に参拝できたおかげで63の市町村全てへ無事に訪問できたのかもしれない。

吉見町にある吉見百穴は、岩山の表面から数m奥まで横向きに穴がいくつも掘られていた。かつての集合墳墓で、いにしえの魂が眠っているのだ。蕨市は日本一面積が小さな市だが、和樂備神社は広々とした立派な神社だった。成人式発祥の地である歴史や文化を鑑みても、小さなまちとして不思議な魅力を感じさせられた。

小江戸・川越は和の風情がギュッと町全体に込められたような場所だ。神社があればお寺もあり、賑やかな商店街もある。模範解答のように非の打ち所がない場所だと思う。

富士見市では、正午の公園で三線を引くお父さんと出会った。お子さんがみな進学や就職で家を離れたことをきっかけに、新しい趣味として三線を始めたのだという。音色はうっとり美しく、その中でも少しだけ寂しそうだったお父さんの表情は忘れられない。

63番目は所沢市。航空記念公園を訪問して63全ての市町村を巡り終えた。タフな道のりではあったけれど、実際に原付で走って知った大小様々なまちの歴史や文化を感じることができて、つくづく幸せ者である。

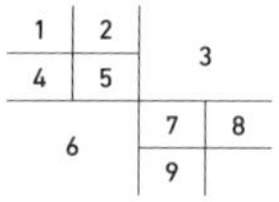

1 青葉台公園にて（朝霞市）2 まちなみを歩く（上尾市）3 おうちへ帰るよ（志木市）4 奥には宮沢湖（飯能市）5 鴻巣の総鎮守、鴻神社へ（鴻巣市）6 もうすぐ夕暮れ（嵐山町）7 日本の航空発祥の地（所沢市）8 地球の窓、長瀞渓谷（長瀞町）9 自然に囲まれた暮らし（皆野町）

※現在は御神木に触れることはできません。

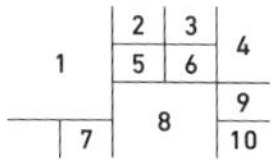

1 三峯神社に聳える御神木（秩父市）2 朝6時半のまちへ（本庄市）3 埼玉県の中心地（さいたま市）4 最初にやって来たまち（三郷市）5 不思議な吉見百穴（吉見町）6 ゴリラ公園にはゴリラさん（川口市）7 中山道桶川宿を歩く（桶川市）8 静かに咲き誇る（羽生市）9 まちを照らす朝日（東松山市）10 武士道のかおり、熊谷直実（熊谷市）

1		2	3	4
		5	6	
7	8	9		
10	11		12	

1 縁結びの神様の元へ（川越市）2 朝の通学の時間（鶴ヶ島市）3 静かに映る（滑川町）4 立派な久伊豆神社にて（越谷市）5 カメラに収まらない大クス（越生町）6 日常は変わらず流れる（北本市）7 こどものむらは子育てひろば（宮代町）8 関東最古の大社、鷲宮神社にて（久喜市）9 穏やかな暮らし（三芳町）10 国道299号線を進む（横瀬町）11 おくのほそ道、草加松原（草加市）12 爽やかな午後（ふじみ野市）

1	2	3
4		5
6	7	9
	10 8	

1 白岡八幡神社とモザイク画（白岡市）2 イチョウが美しい玉敷神社（加須市）3 日に当たるガチャガチャ（ときがわ町）4 平林寺の山門より（新座市）5 里芋、赤かぶ、べにはるか（戸田市）6 豚のテーマパークにて（日高市）7 住宅街を進む（吉川市）8 曇りでも堂々と（幸手市）9 スクールゾーンに飛行機雲（川島町）10 暮らしが反射する（入間市）

1	2	3	
4	5		
6		7	8
		9	

1 唯一の村の美しさ（東秩父村） 2 遠くに差し込む朝日（上里町） 3 変わらない時間（小川町） 4 広大な鉢形城跡へ（寄居町） 5 市役所にはHondaのバイク（和光市） 6 バラのまちに滴る美しさ（伊奈町） 7 誰かにとっての道（鳩山町） 8 かすかべにやって来たゾ（春日部市） 9 小さなまちに大きな和樂備神社（蕨市）

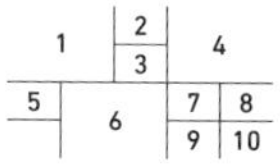

1 朝6時前のレトロな灯り（深谷市） 2 足袋蔵のまち、そして忍城（行田市） 3 ポツンと自転車一台（美里町） 4 穏やかな西城沼公園にて（蓮田市） 5 公園に響く三線の音（富士見市） 6 朝は静かな雨（八潮市） 7 花壇に絵と花が咲く（松伏町） 8 暮らしを歩きながら（杉戸町） 9 駅と踏切と稲荷山公園（狭山市） 10 凛とした出雲伊波比神社（毛呂山町）

12

千葉県

CHIBA

1 土曜日の昼下がり（我孫子市）2 橋の下で猫に癒される（木更津市）3 太東埼灯台でおじさんと仲良く（いすみ市）4 長閑な大山千枚田（鴨川市）5 サーファーの朝は早い（九十九里町）

旅と歴史のつながり こんにちは、チーバくん

54の市町村がある千葉県。東京近郊の地域、太平洋側、そして房総半島、ひとつずつ訪れてはじめて私にとっての千葉県が見えてきた。

佐倉市にある国立歴史民俗博物館は日本最大の規模を誇る博物館で、日本の歴史や文化についての総合的な展示がなされている。じっくり見れば1日では足りないほどの充実した展示には、日本の全てが詰まっていると言っても過言ではない。旅を長く続けてきて、旅の先々で知った歴史が館内の展示で数多く登場したことは、当たり前ではあるがとても感動した。旅をする意味と、歴史を学ぶ意味の両方を同時に感じられた瞬間だった。約66㎞にもわたる九十九里浜は、実際に訪れて右も左も弧を描いて延々と広がる砂浜の光景に驚かされた。朝早い時間にもかかわらずサーファーが来ていたとも関東らしいカルチャーだと思った。勝浦市ではご当地グルメ「勝浦タンタンメン」が食べたくてお店に並んだ。海の仕事から帰って来た漁師や海女さんが食べ、冷えた体が温まると広まったのが勝浦タンタンメンの始まりだそう。40分ほど待ち、相席でご一緒したおじさん3人方と仲良くなって、ねぎチャーシューを分けてくれたのは懐かしい思い出だ。

鋸南町では廃校となった保田小学校を利用した道の駅へ訪れた。都市交流施設として、小学校の教室に宿泊することもできれば給食のようなご飯が食べられるレストランもある。その懐かしい雰囲気と発想がとても好きだったのだが、２０１９年9月に襲った台風15号で大きな被害を受けたニュースを見ることはとても辛く悲しかった。千葉県の他の地域で被害に遭われた方々にとっても、少しでも復興が進めばと願って止まない。

房総半島を戻るようにして中西部の木更津市、袖ケ浦市、市原市まで来れば大きな街らしい光景へ変わってくる。その先の千葉市、習志野市は東京の都市圏を形成する中心都市であることを十分に感じられた。

千葉県では雨の日が多く、旅としてはとても厳しい日々だったけれど、それぞれの市町村を巡ってはじめて、千葉県マスコットキャラクターの「チーバくん」がこのようにして生きているのだと理解した。鼻先から耳、そして手足の隅々に至る市町村がチーバくんの細胞であり、ひとつひとつの細胞が、彼を支えているのだ。

1	2	3	
4	6		
5	6	7	8
9	10	11	

1 香取神宮とイチョウ（香取市）2 浦安の暮らしを歩く（浦安市）3 道の駅は懐かしい小学校（鋸南町）4 バスは鎌ケ谷大仏前（鎌ケ谷市）5 アウトレットでお買い物（酒々井町）6 噴水に夕日が当たる（市原市）7 いつも通りの時間（印西市）8 道の駅に寄り道しよう（南房総市）9 暮らしを感じながら進む（松戸市）10 おはようさん（大網白里市）11 千葉が好き。房の駅（四街道市）

1		2	3	4
		5	6	
7	8	9		
	10	11	12	13

1 館山の海を眺め（館山市）2 こうざきと軽飛行機（神崎町）3 ゆずりあいは気持ちいい（市川市）4 漫画家ちばてつやさんが育った（旭市）5 玉前神社、境内の清々しさ（一宮町）6 城下町の名残（大多喜町）7 秋の風物詩、ぼっち（八街市）8 日が沈む（茂原市）9 もの知りしょうゆ館へ（野田市）10 道の駅やちよ（八千代市）11 広々とした景色（長柄町）12 諏訪神社に和同開珎（流山市）13 夜に流れる日々（習志野市）

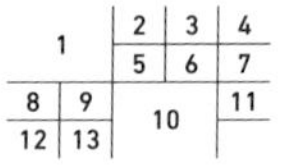

1 内房線が走る（袖ケ浦市） 2 房総のむらで（栄町） 3 船橋大神宮へ（船橋市） 4 勝浦タンタンメン（勝浦市） 5 懐かしい字体（横芝光町） 6 はにわ博物館の外にも（芝山町） 7 日本の歴史が詰まった国立歴史民俗博物館（佐倉市） 8 熟したスイカと（富里市） 9 月の沙漠を進もう（御宿町） 10 海の香りと（富津市） 11 オライはすぬまと植物（山武市） 12 曇りに朱色（白子町） 13 どんな轍を旅は残すだろう（多古町）

1		2	3
		4	5
6	7	8	11
	9	10	12

1 太平洋を照らす犬吠埼灯台（銚子市）2 成田弦まつりの迫力（成田市）3 土砂降りの中を進む（千葉市）4 気づけば虹がかかる（長生村）5 歩道橋からの眺め（柏市）6 坂道をかけあがる（長南町）7 朝の東金線（東金市）8 このまちで暮らす（白井市）9 市役所とタクシー（匝瑳市）10 穏やかなまち歩き（東庄町）11 静かに佇む亀岩の洞窟（君津市）12 秋晴れの道を進む（睦沢町）

1 2 3

1 白砂と海と美しい時間（神津島村）2 東京ドームと日々（文京区）3 両国の街を散策しながら（墨田区）

13

TOKYO

東京都

凝縮された生活とどこまでも遠い距離

東京には高校の修学旅行でしか来たことがないほどの田舎者が、私である。そして旅をスタートさせて東京へ到着するまでに「半年」かかったのだから、やっと到着した時は「相変わらず東京は遠い存在だなぁ」と思わずにはいられなかった。「都会暮らし」と「田舎暮らし」のどちらが良いか、不毛な論争はきっとはるか昔から続いているが、東京で根をほんの少しだけ張ってはじめて、都会らしい生活を知り、だからこそ気づく田舎への印象を知った。結局はそれぞれに良さがあり、それぞれに惜しいところもある。「ヨーロッパはこんな政策をしている、見習え！」という大人から、「友だちはスマートフォンを持ってる、買って！」とおねだりする子どもまで、隣の芝は360度、青いままである。ただ、実際に東京都の23区や区外の市町村、離島を巡り終えて、「やっぱり東京は面白い場所だなぁ」と、魅力を語りたがっていることは紛れもない事実である。

東京都の離島巡りは、市町村一周において最難関だった。移動含めて一週間必要な小笠原諸島、海が時化やすく船が運航するか分からない青ヶ島、御蔵島、利島などの伊豆諸島。時間が永遠にあれば問題ないのだが、旅には予定があり、ひとつの流れが崩れると全体の計画が狂ってしまいかねない。市町村として存在している離島にひとつ上陸できないだけで「市町村一周」とは言えないのだ。大学生のうちにこの旅を終えられるかどうかは、正直この「運」に任せるしかない部分があり、とにかく胃が痛い日々だった。だから結論として島々を無事に訪問できたことは「奇跡」や「幸運」といった言葉でしか表現できない。

区外の市町村は、狭いようでとても広い。地図で見ると近くても、信号の多さから移動の時間はかなりかかった印象がある。たしかに住宅街は多いけれども、それだけの暮らしがあることを思えばとても不思議な気持ちになった。そして奥多摩町や檜原村など西部の方まで行けば景色は変わり、壮大な自然も広がっている。小さな面積に凝縮された変化を含めて、東京と呼ぶべきなのであろう。23区内は正直な話、私よりもみなさんの方が、きっとお詳しい。電車の1日乗車券を使ってあちこち巡ったが、地方の大学生らしくスマートフォンで何度も地図や乗換案内を見ながら進んだ。それでも私にとって新宿駅の出口は、いつまでたっても謎の彼方である。

1		2	
3	4	5	6
7		8	

1 朝の通勤の時間（大田区）**2** 野生のイルカと何度も出会った（青ヶ島村）**3** 優しいランチの時間（国分寺市）**4** 真っすぐは辰巳、青海（江戸川区）**5** 心落ち着く西新井大師（足立区）**6** いろんな暮らし（練馬区）**7** トンネルの先は秋模様（奥多摩町）**8** アウトドアが詰まった場所（昭島市）

1 2 3
4 5
6 7 8

1 多摩川と日々（狛江市）2 モノレールがやって来た（立川市）3 道の両脇に噴火の溶岩流（三宅村）4 日が沈む田無神社（西東京市）5 シャーっとパトロール（北区）6 美しい駅舎（あきる野市）7 東京にも懐かしいふるさと（小平市）8 高円寺の朝（杉並区）

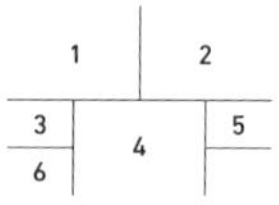

1 椿に覆われた美しい島（利島村）2 駅前に両さんたち（葛飾区）3 島で大好きなトリトンのアイス（大島町）4 大國魂神社と提灯（府中市）5 誰かにとっての暮らし（調布市）6 鉄道公園のこだまに乗って（青梅市）

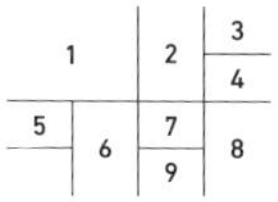

1 ハチ公前で待ち合わせ（渋谷区）2 秋葉原といろんな行列（千代田区）3 不忍池とスワンボート（台東区）4 夜のいけふくろう（豊島区）5 谷保天満宮を闊歩する鶏（国立市）6 高幡不動尊金剛寺の五重塔（日野市）7 静かで優しい光（清瀬市）8 一日の終わる頃（新宿区）9 河川敷をランニング（羽村市）

1	2	3	
4		5	6
7	8	9	

1 ベースサイドストリートを歩く（福生市）2 街は上に、道路は下に（多摩市）3 ミルキーブルーの海（新島村）4 ささっと美味しく（中野区）5 日々は流れる（東大和市）6 街を歩きながら（東村山市）7 一緒に暮らす（三鷹市）8 郷土料理の島寿司が美味しい（八丈町）9 穏やかな時間（日の出町）

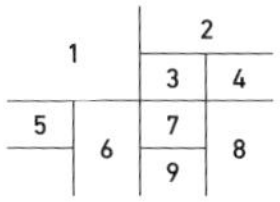

1 小笠原の海だ！（小笠原村） 2 八丈富士の大自然を登る（八丈町） 3 柔らかな光（目黒区） 4 自然と共に暮らす（檜原村） 5 下北沢を歩きながら（世田谷区） 6 稲城長沼駅近くにて（稲城市） 7 歩きながら心躍る（中央区） 8 いろんな日々が進む（品川区） 9 高尾山の賑わい（八王子市）

1 公園にしっとり咲いていた（武蔵村山市）**2** 吉祥寺を味わう夜（武蔵野市）**3** 日の沈む頃（板橋区）**4** 凪いだ海と漁船（御蔵島村）**5** 大学の東京オフィスにて（港区）**6** じゃんけんに勝つと鮪の切り身（東久留米市）**7** 駐在所の近くにて（瑞穂町）

1 亀戸の街から見上げる（江東区）2 日暮里繊維街を歩く（荒川区）3 町田天満宮と街（町田市）4 後輩のご実家から歩いて（小金井市）

美しい島々を巡る

日本の有人島は400を超える。今までに訪れた島の数を調べて見ると、おおよそ90であった。市町村を全て巡って有人島を知り尽くしているわけではないが、それでもきっと人並みに離島の美しさや暮らしを知っている。何度でも訪れたい場所は数えきれない。船や飛行機、また橋を渡って、島に「辿り着く」というワクワクは、まさに島旅の醍醐味だろう。ここでは特に思い出深い、大好きな島々を、残しておきたい。

春と秋が同時に広がっていた

上から見れば二重カルデラがはっきりと

海から見れば断崖絶壁

島の集落に住所や番地は存在しない

中から見れば山に囲まれる

青ヶ島《あおがしま》（東京都青ヶ島村）

行き方
八丈島から船で3時間
船だと欠航が多い

魅力
1 不思議な二重カルデラの大自然
2 無番地に美しい暮らし
3 ただ島に辿り着けたというだけでも感動

粟島《あわしま》（新潟県粟島浦村）

行き方 岩船港からフェリーで約1時間30分

魅力
1 2つの静かな集落が味わい深い
2 自転車でも巡れる
3 温泉がとっても気持ちいい

岩船港からフェリーニューあわしまに乗って

島の穏やかな港

集落に流れる時間が好きだ

大自然も広がっている

展望台からの眺めは最高だ

海と山に囲まれる

水路に沿って紙垂が並ぶ光景

大崎上島《おおさきかみじま》（広島県大崎上島町）

行き方 竹原港からフェリーで約30分

魅力
1 フェリーで気軽に行ける
2 展望台から眺める瀬戸内海の島々
3 まちなみと流れる時間が美しい

瀬戸内海の船旅は楽しい

スケールの大きさに驚く

本当に毎日通いたい

妖精の声が聴こえてきそうな

屋久島《やくしま》（鹿児島県屋久島町）

行き方
鹿児島本港から
高速船で約2時間

魅力
1 あまりに壮大すぎる自然
2 温泉が気持ちよすぎる
3 何度でも行きたくなってしまう

白谷雲水峡の神秘

飛行機から一面のサトウキビ畑

送迎車の中から不思議な雰囲気を知る

南大東島《みなみだいとうじま》（沖縄県南大東村）

行き方｜那覇空港から
飛行機で約1時間15分

魅力｜
1 東南アジアのような異国情緒
2 絶句する星野洞の鍾乳洞
3 岩盤掘り込み式の漁港に驚く

星野洞で知る美しい大地の歴史

サトウキビの収穫真っ盛り

まちなかの雰囲気もどこか独特

平らな島内を日の丸山展望台から一望する

岩盤掘り込み式漁港に漁船が帰ってきた

東洋のガラパゴスを感じながら

港で盛大な見送りの後、何隻もの船が見送りで追いかけてくれる

夜には満天の星が広がる

澄み切った青い海。ボニンブルーにうっとりと

父島《ちちじま》（東京都小笠原村）

行き方　竹芝桟橋から
船で24時間

魅力
1 ダイビングで知る美しい海
2 独自の植生や自然の凄み
3 島の方々のお見送り

ありのままの自然が美しい

航海の安全と大漁を祈願する室津祭

ホッとする神威脇温泉の時間

大好きなゲストハウスimacocoさんにて

奥尻島《おくしりとう》（北海道奥尻町）

行き方｜江差港から フェリーで約2時間10分

魅力｜
1 観光地化されていない美しい暮らし
2 一番好きなゲストハウスがある
3 抜群の海の透明度と大自然

喜界島《きかいじま》（鹿児島県喜界町）

行き方｜鹿児島本港から フェリーで約11時間

魅力｜
1 島の方々の優しさ
2 サトウキビ畑の一本道
3 島料理がとにかく絶品

今でも連絡を取り合うお母さん方

本当に大きなガジュマル

大好きなサトウキビ畑の一本道

優しい時間に癒された

1 3 6 7
2 4 5

1 冬晴れの町並み（二宮町）2 海沿いがどれだけ爽快なことか（逗子市）3 ジャンクションらしさ（海老名市）4 川崎の街に日が沈む（川崎市）5 大雄山最乗寺、紅葉は赤く（南足柄市）6 夜の横浜へ繰り出そう（横浜市）7 シンボルとして鎮座する（鎌倉市）

14

神奈川県

KANAGAWA

飾らない魅力を確かめながら

33の市町村で構成される神奈川県。小さな面積を隅々まで巡れば、新しい出会いと魅力に何度も驚かされた。

鎌倉は日本を代表する観光地の一つ。山と海に囲まれ、多くの神社仏閣など歴史的建造物、そして風情溢れる江ノ電やまちなみ。源頼朝が幕府を開いた地として、現代に残された文化の薫りに心が躍った。三浦半島の最南端まで行けば、三浦市の港町らしい景色が現れ、港には何隻もの漁船が太陽の反射で眩しく並ぶ。原付を止めて、入り組んだ細い路地を歩けば昭和のまちなみがさりげなく佇んでおり、どこか懐かしかった。小田原市まで進めば長い歴史を持つ小田原城が姿を見せ、難攻不落と呼ばれた重厚感ある雰囲気が肌で感じられた。真鶴町や湯河原町は熱海と箱根に囲まれた土地だが、2つの観光地にはない雰囲気の素朴で情緒溢れるまちなみを味わえる。そしていよいよ箱根路へ入れば、箱根駅伝で選手が登る山道を行く。芦ノ湖の湖畔に佇む箱根神社は霊験あらたかなスポットとして知られているが、立っているだけで心が洗われるような時間だった。青く澄んだ芦ノ湖の雰囲気も忘れられない。

西部に位置する足柄エリアは雄大な丹沢の峰々を望み、豊かな土壌と清らかな水で育まれた自然に囲まれる地。南足柄市の大雄山最乗寺では杉林の中にいくつもの立派な建物が広がり、松田町で丘から見下ろしたまちなみはとても綺麗だった。そして中部の愛甲郡では県唯一の村である清川村が山奥にひっそりと集落を構えていた。

厚木市や海老名市、綾瀬市や座間市、大和市などはあちこちにギュッと住宅街が広がる。それでも時折顔が見える富士山が嬉しかったり、公園で遊ぶ子供たちの姿だったり、ホッとする瞬間は多い。

川崎市や横浜市は首都圏の中核的な存在で、原付ではなく電車で移動した。何度か来たことはあったけれど、今回は旅の格好なのでどうしても街には溶け込めず、お洒落な若者たちや威風堂々としたサラリーマンの皆さんが眩しかった。もちろんまだ街を到底巡りきれたわけではないが、神奈川県の印象を横浜などのイメージで形成されることはもうなくなったし、それがどうしたという話ではあるが、今となっては神奈川県がとても大きく広く感じられる。

1	2	3	4
5	6	7	
8	10	11	12
9			

1 八方除の寒川神社(寒川町) 2 坂道と暮らす(座間市) 3 ぼうさいの丘公園にヘリポート(厚木市) 4 朝日輝くサザンビーチ(茅ヶ崎市) 5 震生湖への入り口(秦野市) 6 瀬戸屋敷に差し込む光(開成町) 7 日常と朝の麻溝公園(相模原市) 8 静かな町役場にて(大井町) 9 丘からまちを見下ろす(松田町) 10 変わらない生活(湯河原町) 11 戦艦「三笠」の歴史を学ぶ(横須賀市) 12 江の島から富士を望む(藤沢市)

1	2	3	4	5
6	7	8	9	
10	11	12	13	
		14		

1 静寂の泉の森へ（大和市） 2 歩道橋から（愛川町） 3 今日も暮らしを支える（真鶴町） 4 唯一の村（清川村） 5 茅葺屋根の日向薬師（伊勢原市） 6 自然溢れる総合公園（平塚市） 7 箱根の町、そして元箱根へ（箱根町） 8 港町の懐かしさ（三浦市） 9 畑仕事（綾瀬市） 10 森戸神社、松の木と富士（葉山町） 11 ミラーに映る日々（中井町） 12 洒水の滝（山北町） 13 青空の天守閣（小田原市） 14 相模湾の風（大磯町）

15 新潟県 NIIGATA

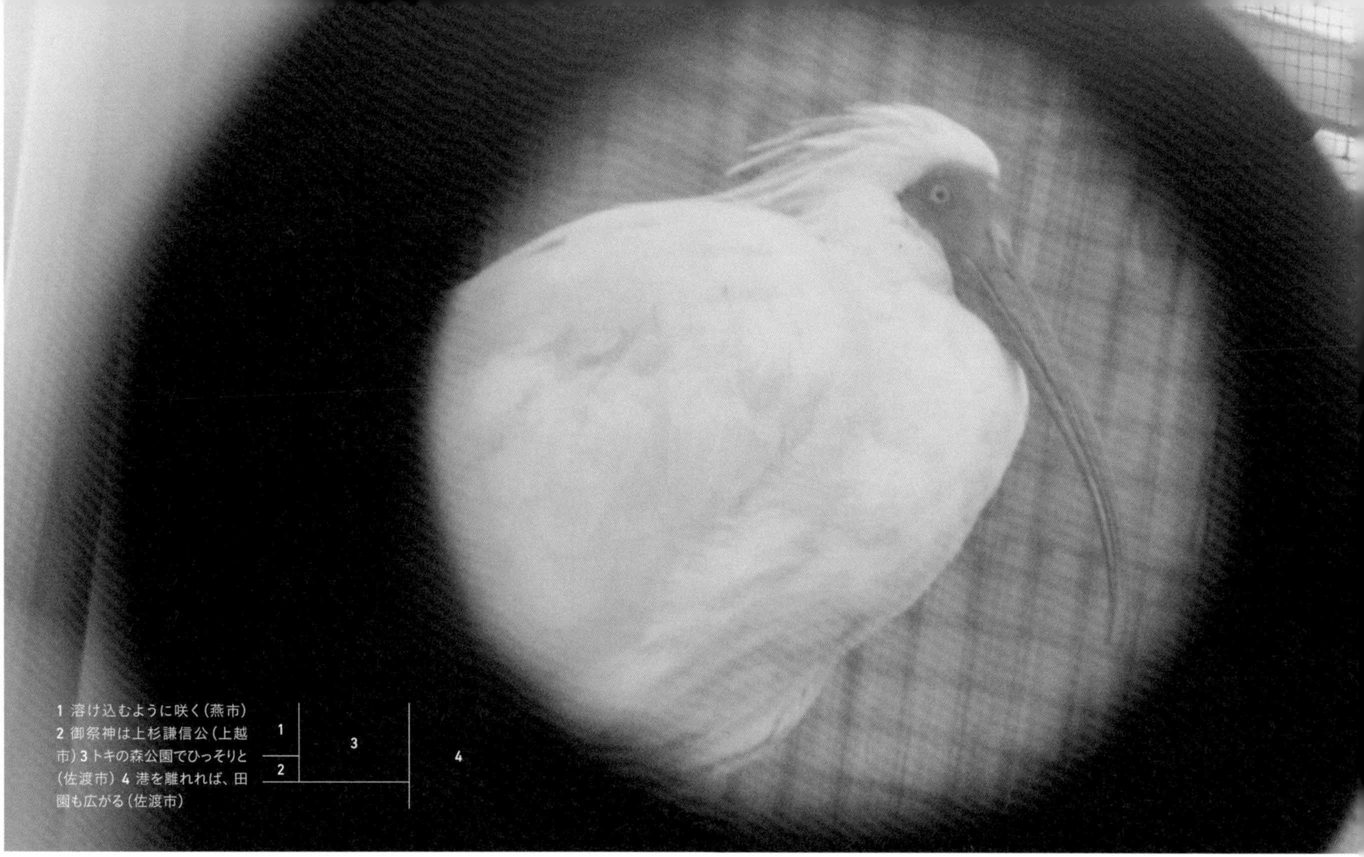

1 溶け込むように咲く（燕市）
2 御祭神は上杉謙信公（上越市）3 トキの森公園でひっそりと（佐渡市）4 港を離れれば、田園も広がる（佐渡市）

稲穂は優しく香り 大地を味わいながら進む

新潟県巡りは振り返ってみても、とても大変だったことが懐かしい。雨に降られた日が多く、落ち込みたくなるほど土砂降りの日もあったため、広大な面積に負けないように進んだ自分の心は少なからず鍛えられたと思う。

最初に訪れたのは糸魚川市。海沿いを走りながら、眼前の日本海と黒瓦の屋根が重なるまちなみが、これまで巡っていた長野県とは雰囲気が１８０度変わったことを感じさせた。南魚沼市、魚沼市ではおそらくコシヒカリだろう。幻想か現実か、この辺りを走り出してから美しい稲穂からお米のいい香りが確かに感じられるようだった。小さな弥彦村は印象深い。越後平野の中央に聳えたつ弥彦山の麓には新潟県屈指のパワースポットとして知られる彌彦神社が鎮まっている。立派な社殿はもちろん、村の優しい雰囲気そのものにエネルギーが感じられるような、そんな空間だった。加茂市の加茂山リス園では、園内をシマリスが元気一杯駆け回る。ひまわりのタネを一生懸命に頬張る姿は恋に落ちる可愛さだ。

佐渡島へ行けたときは念願が叶ったという思いが強かった。立派なトキの姿やまちなみ、内陸部へ入れば山村や農村も広がり、様々な雰囲気が面白かった。帰りの船で乗組員の方が鳴らす安全祈願のドラの音は懐かしい。阿賀町は狐の嫁入り伝説が有名で、資料館のお屋敷もある。幻想の世界の話ではあるものの、子から孫へと言い伝えられ、こうして現代まで受け継がれていることはとても不思議に感じられた。到着時は驚くほどの土砂降りだったが帰るときに止んだことは、果たして狐の嫁入りと関係があったのだろうか。

新潟市はかつて人口が日本一になったこともある都市。その名残かどうかは分からないが、街を歩けばやはり大都市の薫りがした。

村上市や胎内市、関川村などの下越地方へは原付旅では雨がひどく訪問できず、別の機会に訪れた。ようやく訪れることができた粟島は、日本海に浮かぶとても小さな村。市町村一周の下調べのときからずっと気になり続けて、何としてでも行きたかった場所。周囲約23㎞、自転車でも十分回れるほどで、人口は３７０人ほど。集落は2つしかなく、島民の皆さんは大きな家族みたいな関係だそう。島に残る温かさは古今を問わず変わっていないし、これからも長く残っていくだろう。この温かさは、現代においてきっと特別な「価値」である。

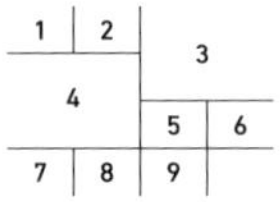

1 原発の資料館を巡る（刈羽村） 2 天領の里のまちなみ（出雲崎町） 3 一瞬雨が止んだ（南魚沼市） 4 渡邉邸。玄関でこの雰囲気（関川村） 5 ほっぺに詰め込んだ可愛さ（加茂市） 6 もうすぐあらいまつり（妙高市） 7 港町の味わい深さ（糸魚川市） 8 西福寺開山堂には石川雲蝶の名作（魚沼市） 9 狐の嫁入り伝説が残るまち（阿賀町）

1 粟島の不思議な時間の流れ（粟島浦村）2 懐かしい越後湯沢を歩く（湯沢町）3 日は隠れ、うろこ雲（新潟市）4 道の駅で迎える朝（見附市）

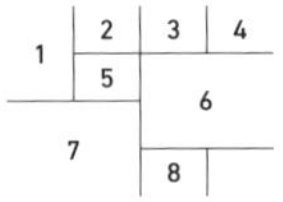

1 雨は滴り、稲穂は頭を垂れる（五泉市）2 3年に1度、やってくる（津南町）3 一面の大口レンコン畑（長岡市）4 役所で雨宿りをしながら（小千谷市）5 小さな町に穏やかな公園（聖籠町）6 ささやかな日々（弥彦村）7 金物のまちと鍛冶職人（三条市）8 ブナの美人林にうっとりする（十日町市）

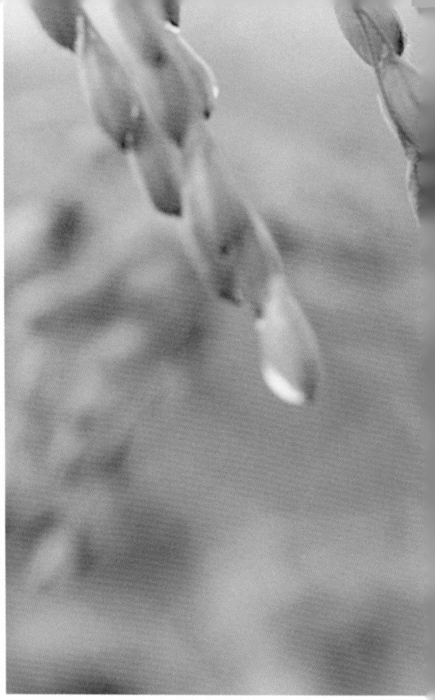

1 回顧するように歩く（阿賀野市）2 日本100名城、新発田城へ（新発田市）3 お休みでも雰囲気を感じた（田上町）4 雨上がりを散策する（柏崎市）5 静謐な乙宝寺、三重塔（胎内市）6 イヨボヤ会館で観る天然の鮭（村上市）

16 富山県

TOYAMA

1 煩悩をかき消すならば（上市町） 2 雨晴海岸と釣り人（高岡市） 3 小さな世界遺産の夏（南砺市）

佇む山と海、原風景の美しさ

本州の中央北部、日本海に面した富山県は、三方を急峻な山々に囲まれ、深い湾を抱くように平野が広がり、富山市を中心に半径50㎞というまとまりの良い地形が特徴だ。日本で最も少ない15の市町村で構成され、魅力がひとつひとつの地域に凝縮されている。

射水市の海王丸パークは帆船海王丸を中心とした憩いのベイエリアが広がっている。朝の気持ちのいい時間に訪れる海辺はまさに最高で、目の前に架かる新湊大橋も美しかった。新鮮な海の幸に溢れる氷見市、巡った商店街は昔ながらの渋いまちなみだ。

当時、高岡市では中学の同級生が、プロ野球独立リーグのチームのトレーナーをしており、その試合を見に行った。お客さんがたくさん入り、ユニフォームを着ているファンもいれば、年パスを持っている人もいる。選手には個人の応援歌もあり、チアリーダーもいる。プロとして野球に打ち込む選手の皆さんを見て、私も旅のエネルギーをわけてもらった。そのあと訪れた雨晴海岸の幻想的な眺めも大好きだった。南砺市は木製バットの生産量が日本一のまち。寄り道した南砺バットミュージアムには錚々たるメンバーのバットが揃っていた。そして南砺市の五箇山の相倉集落は、同じく五箇山の菅沼集落と岐阜県の白川郷と並び世界遺産に登録されている。今も人々が生活する暮らしの場として、合掌造りの家々や必要最低限に整えられた、素朴でこぢんまりとした農村集落は日本の原風景そのものだった。静かで美しい日本の姿は、未だに目に焼き付いている。

県庁所在地、富山市は美しく整備され、水辺を活かした富岩運河環水公園は心落ち着く場所だった。世界一美しいスターバックスと称される場所があることも、まさに納得である。そして立山町は有名な立山連峰の麓にあり、北アルプスを望みつつ穏やかな暮らしが広がっている。舟橋村は日本一小さな村。大きさは縦と横それぞれ約２㎞ほど。小さくても活気が感じられ、人口は約３０００人だという。富山市も近く、小さな村の中で人口が増えていることは素直に驚いたし、魅力的だ。上市町の日石寺では滝行で有名な六本滝がある。眺めているだけでも煩悩を消したくなるほど、冷たそうに流れていた。

夏に訪れたものの、四季折々でめくるめく美しい四季が広がる富山県、是非何度でも訪れたい。

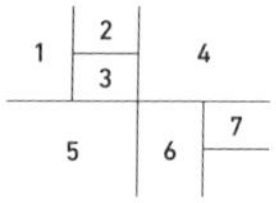

1 富山花総合センター、温室の中へ（砺波市）2 米騒動発祥の地に米俵（魚津市）3 ゆったりとした時間の流れ（朝日町）4 仲間がいなきゃ暇なんだよ（滑川市）5 渋くてかっこいい（氷見市）6 夏真っ盛り（小矢部市）7 旧発電所は現代アートに（入善町）

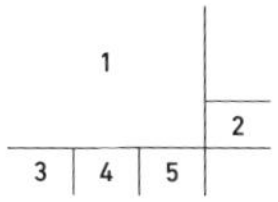

1 水の都に流れる美しい時間（富山市）2 交通安全は何よりも大切（立山町）3 日本一小さな村は賑やかだった（舟橋村）4 車に映るまちなみ（黒部市）5 目の前には新湊大橋（射水市）

17

石川県

ISHIKAWA

1 風に揺れ、木漏れ日は躍る（小松市）2 海がそばにある暮らし（能登町）3 砂浜を走り抜けよう（羽咋市）4 薄暮のひがし茶屋街（金沢市）

暮らしやすさと情緒 そして自由を大切に

石川県はこの旅ではじめて訪れたけれど、その魅力にはすっかり取り憑かれてしまった。19の市町で構成され、南北に長い地形の中で様々な歴史や風情に溢れている。

最初にやって来た加賀市から金沢市までの道中は真夏に雲一つない猛暑日で、まちなみを味わいつつも本当に暑かった。川北町の役場近くのお祭りが近づいている雰囲気は静かな熱気を感じられ好きだったし、白山市の市役所の大きさには驚いた。野々市市の役所もおしゃれな外装をしており、石川県が住みやすいと言われる理由は行政にあるのかもしれないと旅路ながら感じさせられた。

金沢市はやはり大きな街だ。「ひがし茶屋街」などの美しいまちなみは京都に劣らない風情に溢れ、日が落ちてあかりの灯った家々はより一層の情緒があった。都市としても大きく、ビル群が並ぶ景色は都会そのものだ。これらのまちなみがほんの近い距離でバランスよく両立しているのであるから、驚きである。

そして能登半島の景色は忘れられない。志賀町や宝達志水町では濃い緑と海と青空が合わさった景色を進み、穴水町では入道雲と海と踏切、まさに夏らしい景色に思わず原付を止めた。木の影や山並み、通過する列車、ひとつひとつの日常が美しく、輪島市や珠洲市では艶やかな黒い屋根瓦の家屋に感動した。実際に巡ってみると、能登半島はかなり大きな半島だ。それでも飽きることの一切なかった景色はずっと忘れないだろう。珠洲市にある海辺のキャンプ場では関東から来ていたご家族と仲良くなった。夜を一緒に過ごし、翌朝4時30分に見た朝焼けは水面に淡いオレンジ色が染み込み、息を呑むほどに幻想的だった。

七尾市では能登島へ渡り、古民家で暮らす「あやお」という女性に会いに行った。自給自足で野菜を育て、家具など身の回りのものを自分で創りながら生活する彼女の家は「創る家」と呼ばれ、ＳＮＳでワクワクしながら見ていたのだった。当日は偶然にも個性豊かなメンバーが集まり、あやおが創り出す自由な時間に波乗りするように過ごした。あっという間の時間はとにかく濃密で新しく、そして自由だった。生きていく上で大切なことはなんだろう。お金や時間、自由、家族……。人それぞれいろんな思いや考えはあるに決まっているが、ただ、人生は一度きりである。あやおはそのシンプルなことを私に教えてくれた。

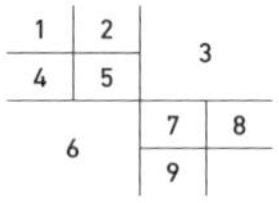

1 黒い屋根瓦と夏（輪島市）2 聳えるような市役所にて（白山市）3 思わず原付を止めた（穴水町）4 哲学とまちなみ（かほく市）5 やっぱり8番らーめん（志賀町）6 日本海と白米千枚田（輪島市）7 能登島であやおと出会った（七尾市）8 暑い日差しを浴びながら進む（加賀市）9 内灘大橋を渡ろう（内灘町）

1	2	3
	4	5
	6	7

1 穏やかな夏の流れ（宝達志水町） 2 大事な16番ホール（津幡町） 3 朝4時30分の海は凪いでいた（珠洲市） 4 洗練された美しさ（野々市市） 5 カーブミラーに従って左へ（中能登町） 6 松井秀喜氏のふるさとへ（能美市） 7 お祭りが近づく気配（川北町）

18 福井県 FUKUI

1 青空の御誕生寺へ（越前市）
2 変わらない日々（南越前町）
3 夏バテの気持ち、分かります（越前市） 4 稲穂が光と風に揺れる（小浜市）

汗だくの夏旅
青い空と恐竜の大地

1ヶ月にわたる北海道の旅を終えて、船で京都府の舞鶴港へ戻り、翌日から福井県の旅が始まった。7月に北海道を巡る間は長袖でも肌寒いほどだったが、福井県へ入ると夏旅へ一変した。ただ、怪我の影響から長袖長ズボンを続けたため、1日で尋常じゃないほどの汗をかき、旅路としては一番大変な時期だった。それでも目の前に広がる夏の景色は実に美しく、その眩しさを感じながら原付を走らせたことは今となっては懐かしい。

京都から高浜町へ朝5時過ぎに入ると、霞がかった淡い朝焼けが出迎えてくれた。城山公園は日本海の雰囲気と夏らしいビーチが広がり、そのまま海へダイブしたいと思った。小浜市では緑に輝く田んぼと山並みの景色が美しく、山あいにひっそりたたずむ明通寺では国宝の本堂で静かに手を合わせた。

敦賀市は旅の中で二度訪れている。一度目は北陸道の総鎮守、氣比神宮を訪れた。シンボルでもある大鳥居は日本三大鳥居の一つにも数えられ、市街地の明るい雰囲気と神社の荘厳な雰囲気を静かに分けてくれる。格式高い一之宮にふさわしい、綺麗に整った敷地と神聖な空気感には背筋が伸びる思いがした。二度目は1年後に、敦賀港から苫小牧港へ向かう船に乗ってまだ未訪問の北海道のまちへ。北海道を全て巡り終えて再び敦賀港へ帰ったのだが、サンダーバードの発車時間に間に合わずショックだったことはほろ苦い思い出だ。

越前市の御誕生寺は別名「猫寺」と呼ばれ、境内では猫が気ままに過ごしている。訪れた日は猫たちもかなり暑そうにされていらっしゃった。池田町の少し山奥に入った景色は懐かしさと美しさが、鯖江市では列車とまちなみが重なった瞬間を見た。福井市の福井駅には恐竜のモニュメントが3体いる。全長10mのフクイティタンは全身が夕日の影となり、街に溶け込んだ光景には一瞬ドキッとしてしまった。ゲストハウスの方にもとても優しくしてもらったことは鮮明に覚えている。

大野市では天空の城と呼ばれる越前大野城が盆地の中に立派に築かれ、勝山市では時間が足りず恐竜博物館へ行けなかったものの、スーパーマーケットに恐竜が描かれ、やはり福井ならではの雰囲気を感じられたのだった。

ひたすら駆け抜けた福井県。夏旅がはじまった直後で、ただ一生懸命巡ることだけで精一杯だったけど、またいつかのんびりと訪れる日がやってきますように。

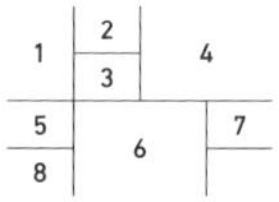

1 美しい三方五湖に心を癒す（若狭町）2 福井鉄道とまちなみ（鯖江市）3 朝6時半でもすっかり明るい（おおい町）4 あと数時間で夏の賑わい（高浜町）5 スーパーも恐竜王国らしく（勝山市）6 心落ち着くローカル駅（永平寺町）7 お祭りの準備は万端（越前町）8 まちをゆっくり歩く（坂井市）

1 盆地にそびえる越前大野城（大野市）2 城山公園に朝がやって来た（高浜町）3 役場の目の前の景色（池田町）4 北陸道の総鎮守、氣比神宮（敦賀市）5 フクイティタンが夕日に溶ける（福井市）6 ポツンと少し暑そうに（美浜町）7 変わらない長閑さ（あわら市）

山梨県

19

YAMANASHI

1 三門から287段を登る（身延町） 2 小さなまちに青い屋根（早川町） 3 信玄堤公園と憩いの場（甲斐市） 4 そばで一緒に富士山を見た（山中湖村）

澄んだ冬晴れの大地に魅せられ続けた

北は八ヶ岳、南は富士山、東は奥秩父山地、西は南アルプスと四方を標高２０００ｍ超の山々に、さらに富士五湖や大地の恵みによるおいしい水や果物が、本当の自然に囲まれている山梨県。どの地域を巡っても美しい自然に溢れている場所は他にないかもしれない。

山梨県へ本格的に訪問したのは12月で、朝の山中湖は本当に寒く、そして美しかった。凪いだ湖面には逆さ富士が映り、夢中で写真を撮っている最中に一羽の白鳥が、目の前まで近づいてきて一緒に富士山を眺めたのは不思議な体験だった。富士吉田市、新倉富士浅間神社にある忠霊塔と呼ばれる五重塔と富士山を一緒に眺めれば、日本の象徴のような光景は見事の一言だ。富士河口湖町でも湖に浮かぶボートと富士山の対比が美しく、心ゆさぶる感動があった。富士山周辺を巡るタイミングで澄んだ冬晴れの日と重なったことは何より幸せだったと思う。

都留市へ訪れればリニア見学センターで初めてリニアモーターカーが生で走っている姿を見た。時速５００㎞で駆け抜ける車両は本当に一瞬の出来事で、技術の進歩は瞬きすら許してくれない。大月市には日本三大奇橋の一つ、猿橋が架かっている。四層のはね木と呼ばれる支え木をせり出すことによって橋を支えている独特の構造で、実際に目で見てもとても不思議だった。水面からの高さが31ｍあり、江戸時代には街道の重要な橋であったことを考えれば、大変素晴らしい先人の知恵である。

北都留郡の丹波山村と小菅村は本当に遠く、道中は霧で目の前が何も見えず、大変な山道だった。それでも村へ辿り着くと穏やかな集落が広がっており、冷えきった体を忘れて夢中で写真を撮った。身延町の久遠寺は２８７段の石段が見上げても終わりが見えないほどに続く。登りきると涅槃に達するというだけあって一段一段が高く、息を切らしながらなんとか登りきった。

そして、一番好きな景色は何と言っても甲府盆地だ。山に囲まれた地形に浮かびあがるまちなみは本当に美しい。盆地を進みながら右に左に流れた夜景、彼は誰時に霧が広がる幻想的な世界は他にないと感動したことを覚えている。

山梨県の旅は寒く大変だったけれど、それでも天候に恵まれてそれぞれの地域の魅力を感じられたことは、本当にありがたいことだ。

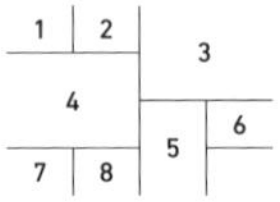

1 霧が晴れた美しい朝（丹波山村）2 山奥に佇む暮らしを知る（小菅村）3 四層のはね木が支える猿橋（大月市）4 澄んだ空気の中で（道志村）5 河口湖の出会いと富士山（富士河口湖町）6 塩山をゆれるように散歩（甲州市）7 天使のはしごがかかった（南アルプス市）8 県境にひっそり美しいまち（上野原市）

1 2 3 4 5 6 7

1 初めてリニアと出会った日（都留市）2 大村博士の魅力が詰まっていた（韮崎市）3 石和温泉駅で足湯に浸かった（笛吹市）4 飛んでけ（昭和町）5 神秘の湧水池、忍野八海（忍野村）6 彼は誰時の甲府盆地（山梨市）7 穏やかなまちなみを歩く（西桂町）

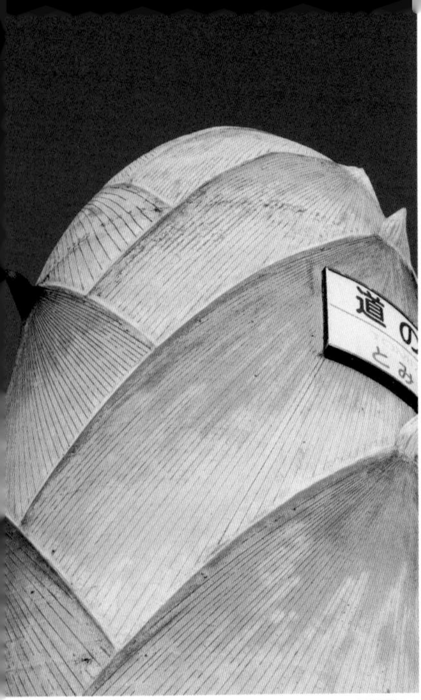

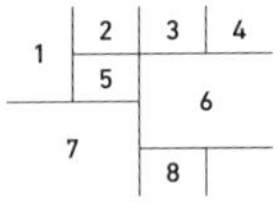

1 道の駅の立派なたけのこ（南部町）2 朝がやって来た（市川三郷町）3 武田神社、境内に佇む能舞台（甲府市）4 日本を象徴するようだった（富士吉田市）5 鳴沢氷穴の美しい万年氷（鳴沢村）6 清里高原。何も考えなくていい（北杜市）7 眩しい朝を進む（富士川町）8 公園に流れる日々（中央市）

5日連続の虹

世の中には晴れ女、雨男、いろんな謎の人物が突如名乗りをあげるが、わたしは「虹男」である。なんと怪しい名前であろう。

　旅を経て、とにかくたくさん虹と出会った。旅をしながら勝手に「日本で一番虹と出会っている」気さえしていた。

　岐阜県、愛知県、長野県を巡っている最中。虹を見かけた翌日に、再び虹を見つけた。「2日連続で虹だ！　なんてラッキーなんだろう！」2日連続で虹を見たのは初めてだ。その翌日、再び虹と出会った。「3日連続〜!?」すでに、虹という文字がゲシュタルト崩壊しそうである。その翌日、流石にと思っていたが、虹はまた現れた。「4日連続だ…ありえない…」年に数回見かけるか見かけないかが、虹である。そして翌日、やっぱり虹が現れた。「虹を5日連続で見た人、世の中にいるのかな…」映画・天気の子のように天気を司る特殊能力が兼ね備わっているのかもしれないと、正直本当に思った。5日連続で終わったが、不思議な体験だったことに間違いはない。

小笠原諸島では船の出航前に大きな虹がかかり、旅が終わった屋久島では、幸運とされる彩雲を2つ同時に見た。ここぞという時に現れる虹は、本当に偶然なのだろうか。

　友人に「実は虹男なんだ」と話すと「はい?」という反応しかされないが、わたしはせっかくなので虹男を信じている。虹を見つけると、なんだかホッとするのだ。

4日連続の虹の日（長野県宮田村）

ゲストハウスへの道中（沖縄県今帰仁村）

住宅街を散策中に（千葉県長生村）

北の大地の虹は大きい（北海道旭川市）

島を離れる前に（鹿児島県与論町）

山の隙間から（岡山県奈義町）

旅の終わりと彩雲（鹿児島県屋久島町）

静かに架かる（長野県下條村）

まもなく出航の虹（東京都小笠原村）

20 長野県

NAGANO

1 奈良井宿の風情に触れる（塩尻市）2 素敵なゲストハウスにて（下諏訪町）3 心奪われる上高地（松本市）

「大好き」が溢れる覚悟の道のり

長野県は私にとってそれは大きな壁だった。合わせて77の市町村は北海道に次ぐ2番目の多さで、旅の計画を立てながら長野県の市町村数を知った時は正直ゾッとした。長野県出身の大学の先輩に旅の話をした時も「長野県、いくつ市町村があるか知ってる？　本気で言ってるの？　冗談？」と真顔で言われたものだ。とにかく覚悟を決めて、大きく二度に分けて県内を巡った。真夏の晴れた日も大粒の雨の日も、ひたすら一生懸命進んだ。私にとって長野県の旅は市町村一周を象徴するような日々であった。

「好き」を数えるときりがない。根羽村や平谷村、売木村などの下伊那郡は大自然に囲まれ、平均標高が高く、峠を越えた時に標高１１６４ｍと書いてあったときには驚いた。天龍村や泰阜村、大鹿村などの秘境らしい雰囲気も忘れられない。細い山道を越えて、なんとか辿り着くと集落が広がる光景は実に不思議だ。

標高３０００ｍを超える雄大な御嶽山をはじめとし、土地面積の9割が森林に囲まれた自然豊かな王滝村は特に秘境の中の秘境だと感じられた。村の雰囲気もどこか不思議で、神社の湧水は真夏だがずっと触ってはいられないほどの冷たさだった。そして木曽路から長い長いトンネルを抜けると、ひらけた伊那盆地に大きな入道雲が空へのぼっていた。私にとって特別な、夏を知るには十分すぎるくらい綺麗な入道雲だった。

8月の誕生日の日は上田市のゲストハウスに泊まったのだが、宿にはステージがあり、偶然その夜に歌手のおじさんたちのライブがあった。熱い言葉が込められた歌に、これまでの旅路を振り返ってしまい、今まで我慢していた思いが表に出てボロボロ泣いてしまった。体は日々限界だったし、旅の初日に大怪我もして、それでも今日を迎えていることがすごくありがたく感じられたのだった。

小谷村や白馬村は旅の資金集めをしていた大学3年時にリゾートバイトで来たことがあり、大好きな場所だ。久しぶりに知り合いの方と再会できたこともとても嬉しかったし、何よりここまで原付でやって来れたことが自信になった。

本当に長野県は広く、大変だったけれど、まちは美しく、自然は美しく、長野県で流れる日常ひとつひとつが大好きになった。何度でも、何度でもこれからも訪れたい。

1 2
3 4 6 8
5 7

1 穂高神社と風鈴（安曇野市）2 小雨降る学校終わり（阿智村）3 土砂降り後の雨上がり（飯島町）4 午前9時から夏模様（山形村）5 自然豊かないくさかへ（生坂村）6 役場とファミリーマート（朝日村）7 役場の人とも会釈をした（阿南町）8 もくもくと夕立へ向けて（青木村）

1			2
			3
4	5	6	7
	8	9	10

1 確かに僕は旅をしている（伊那市）2 まちと公衆電話（飯綱町）3 美しい眺望、真ん中には千曲川（千曲市）4 よく聴いて泣いた夜だった（上田市）5 白壁を歩く（池田町）6 ゆっくりと商店街へ（飯山市）7 諏訪大社の四社巡り（茅野市）8 静かな村の暮らし（北相木村）9 空へ凛と高く（南牧村）10 思い入れある白馬の地（白馬村）

1	2	3	4
	5	6	
7	8	10	11
9		12	

1 水面に夏が映る（南相木村）2 いつもと変わらぬ日々（喬木村）3 もうすぐひと休み（辰野町）4 秘境の地はしっとり美しく（大鹿村）5 景色を独り占めするように（木島平村）6 ひっそりとバス停（中川村）7 レトロな小海駅（小海町）8 夏休み遊びに来た、って。（小川村）9 お洒落でドキドキした（軽井沢町）10 道の駅も懐かしく（大桑村）11 ほのかに甘い香り（小布施町）12 まちかどを進む（岡谷市）

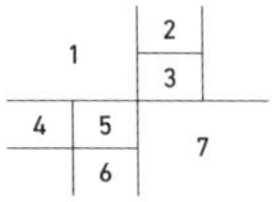

1 夏に白銀の世界のような（川上村）**2** 標高は770mほど（木曽町）**3** 山奥にひっそりと駅舎（木祖村）**4** 苔が美しい光前寺（駒ヶ根市）**5** ゲストハウスで楽しい夜（飯田市）**6** 小さな村に花は美しく（泰阜村）**7** 流れに身を任せて（麻績村）

1	2	3
	4	5
6	8	9
7		

1 小学生が応援してくれた（松川町）2 長野県で最後に訪れた場所（栄村）3 青空に美しく咲く（御代田町）4 朝からいい天気（坂城町）5 雨上がりは徐々に明るく（宮田村）6 気持ちのいい景色ばかり（長和町）7 蔵のまちなみを歩く（須坂市）8 安曇野ちひろ美術館に広がる世界（松川村）9 もうすぐ夕方の光（信濃町）

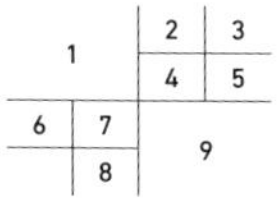

1 時が止まったようだった（東御市） 2 大きな鳥居とまち（諏訪市） 3 小さな暮らしを味わう（売木村） 4 温泉街の雰囲気を感じつつ（高山村） 5 役場近く。役場は小高い場所に（高森町） 6 お祭りが颯爽と（富士見町） 7 静かな待ち時間（山ノ内町） 8 どこまでも夏が続くよう（南箕輪村） 9 旅人が踏みしめた道、妻籠宿（南木曽町）

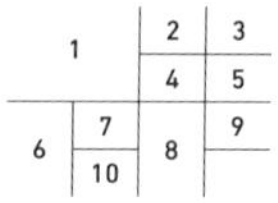

1 放課後の時間（佐久市）2 山と雲が夏を教えてくれる（筑北村）3 秘境に息づく不思議な雰囲気（王滝村）4 バイト先で出会った先輩と再会（小谷村）5 山道を越えてやっと見えてきた（天龍村）6 赤い屋根が木曽路を知らせる（上松町）7 穏やかなまち、静かな昼下がり（根羽村）8 何度でも夏を撮ろう（佐久穂町）9 山に囲まれた暮らし（平谷村）10 校舎に光が当たる（野沢温泉村）

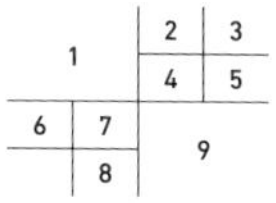

1 仁科神明宮を出て（大町市） 2 物産館の絶品すぎたキノコ汁（中野市） 3 不思議な穴城、小諸城址へ（小諸市） 4 川沿いのグラウンド（豊丘村） 5 渋い町並みが残る（立科町） 6.そばの花が一面に輝く（原村） 7 懐かしい夏の香り（箕輪町） 8 橋の向こうへ進む（下條村） 9 一生に一度は善光寺参り（長野市）

21

GIFU

岐阜県

1 原風景のような茶畑（東白川村）2 懐かしい時間を歩く（飛騨市）3 まちなかを颯爽と（多治見市）4 いつまでも忘れない音（下呂市）

汗をかきながら暮らしと情緒に出会う

岐阜県は、47都道府県の中で最もキツかった地域かもしれない。理由はシンプルに暑さだ。酷暑の日々が続く中、原付で日の出から日没までひたすら進むと、体はしっかり悲鳴を上げていた。心身の支えは一日を終えた後のスーパー銭湯だったが、毎回ベンチや露天風呂のガーデンチェアで寝てしまっていたことを覚えている。

そんなことはさておき、岐阜市を中心とする県南部には、小さな市町が多く密集している。岐阜市は大きな都市で、上から街全体を見下ろせばミニチュアのように細かな建物が隙間もないほどだが、羽島市や輪之内町などのまちでは対照的に穏やかな住宅地が広がっていた。「おちょぼさん」の愛称で親しまれる海津市の千代保稲荷はロウソクを献灯し、おあげをお供えする独特な参拝方法だ。商売繁盛を願ってだろう、スーツを着て参拝する人の姿は確かに多かった。関ケ原町では関ケ原の戦いの跡地にて、まさにここで歴史が大きく動いたと思うと言葉にしがたい味わいがあった。加茂郡や可児郡は暮らしと自然が調和した落ち着いた日常が流れている。七宗町からエメラルドグリーンの飛騨川を北上していき、東白川村で見た茶畑の広がる景色は心洗われる美しさだった。

日本三名泉の一つ、下呂温泉のある下呂市は素朴な山里に豊かな温泉が広がるまちだ。訪れた日は偶然「下呂温泉まつり」が開かれており、幸運にも花火大会を見ることができた。集まったお客さんとのんびり眺める花火は色鮮やかで、時間を忘れて釘付けになった。花火大会の後は櫓を囲って下呂おどりの始まりだ。隣の郡上市でも郡上おどりがとても有名だが、老若男女、地元の方も観光客も関係なく、みんなで輪になって祭囃子に合わせて踊る夜は本当に楽しくて最高だった。

白川村、飛騨市、高山市は富山県側から訪れた。深い山をいくつも越えた先に広がる白川郷の合掌造りは、日本の情緒をこれ以上ないほどに感じることができる。飛騨古川、飛騨高山のまちなみも実に趣に溢れ懐かしく、あたりまえの日常の風景もひとつひとつが絵になるような美しさだ。飛騨地方には、確かにこの地域にしかない素晴らしい日本がある。

岐阜県を進む中でどれほどの汗をかいたか分からないが、あの時に汗を流してよかったと振り返りながら、岐阜県でまた湯船に浸かりたいものだ。

1	2	3	
4	5		
6	7	8	9
10	11	12	

1 新幹線が西へ東へ（安八町）2 電線が広がっていく（輪之内町）3 変わらない日々（川辺町）4 昔の雰囲気が残る（笠松町）5 夏の風物詩、郡上おどり（郡上市）6 足湯でひと休憩（池田町）7 県境の道の駅にて（中津川市）8 長い長い参道を歩く（揖斐川町）9 織部の里公園へ（土岐市）10 人道のまちの優しさ（八百津町）11 夏の暑さも風情へと（高山市）12 まもなくサッカーが始まった（山県市）

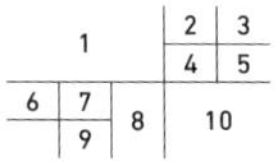

1 美しい飛騨川と白川橋（白川町） 2 この先を進めば養老の滝（養老町） 3 穏やかな景色を歩きながら（大野町） 4 道の駅へ寄り道（可児市） 5 暑い街の中心部（恵那市） 6 ぎふ清流里山公園で障子越しに（美濃加茂市） 7 もうすぐお祭りだ（岐南町） 8 おちょぼさん。ご利益あるかな（海津市） 9 うだつの上がるまちなみ（美濃市） 10 一緒に乗り越える夏（神戸町）

1 真夏の中心部を歩く（岐阜市） 2 空の高い日々（富加町） 3 南宮大社の鳥居とまち（垂井町） 4 白川郷。今も暮らしがあること（白川村） 5 まちの中をふらふらと（羽島市） 6 関鍛冶伝承館、刀の迫力に痺れる（関市） 7 アクア・トトぎふに巨大なピラルクー（各務原市） 8 樽見鉄道、織部駅（本巣市）

1 地球回廊で地球を考える（瑞浪市）2 ひっそりと踏切（坂祝町）3 賑やかなまちなみ（大垣市）4 この先大きな交差点（御嵩町）5 風が涼しくなる時間（瑞穂市）6 ひっそり佇む円鏡寺にて（北方町）7 日本の歴史がここで動いた（関ケ原町）8 道の駅から美しい飛騨川（七宗町）

22

SHIZUOKA

静岡県

1 反射炉の近くからの眺め（伊豆の国市）2 堂ヶ島の天窓洞へ（西伊豆町）3 ヤマハの歴史溢れるミュージアム（磐田市）4 ザブンっ。静岡市立日本平動物園にて（静岡市）

美しく、美味しく濃い時間を愉しむ

東西に長く、富士山や駿河湾、茶畑などの豊かな自然と資源に溢れる静岡県。冬に暖かい地域があれば夏に風が心地よい場所もあり、季節は穏やかに表情を変えていく。

伊豆半島は多くの史跡、景勝地を有しつつ国内有数の温泉地としても知られている。東伊豆町では温泉の湯気が町のあちこちに立ち上り、朝日に照らされて幻想的な時間だった。下田市は幕末に２００年以上続いた鎖国時代から、ペリー提督率いる黒船来航によって開国へと向かう大きな歴史の舞台になった場所。ペリーロードと呼ばれるペリー提督一行が行進した道は港町の面影を残し、石畳の道やなまこ壁の家並み、柳並木が懐かしい風情を醸し出している。

清水町の柿田川公園は豊かな湧水が数十年の歳月を経て地上に現れる。青く美しい井戸や、数千匹もの鮎の群れを見て富士山のパワーを肌で感じずにはいられなかった。小山町から山梨県へ入り、富士山を反時計回りに進んで、再び山梨県から富士宮市へ入った時、富士山の表情が同じ静岡県でも違うとはっきり分かって感動した。日本の滝１００選に選ばれたこともある白糸ノ滝は、富士山の雪解け水が無数の糸を垂らしたように流れ出し、日差しによって虹が一緒にかかった。その美しい姿は天下の名瀑の名そのものだった。

静岡市立日本平動物園ではレッサーパンダやホッキョクグマにひたすら癒された、藤枝市では友人と再会し、他の地域も含めて案内をしてもらった。富士市で食べた生しらすと桜エビはこんなに幸せな気分になっていいのかというほど美味しく、焼津市で食べた鰹も最高だった。藤枝市のななやさんでいただいた世界一濃いジェラートは、ここまでの密度がどうやって誕生するのかというほど濃い抹茶だった。その味を舌に覚えて菊川市や掛川市で見た美しい茶畑は、原付で進むだけでも心が落ち着くような原風景で、毎日この景色を見られたらいいのにと静岡県が羨ましくなった。そして浜松市のうなぎパイファクトリーで香ばしいうなぎパイの魅力を再確認し、最後に湖西市を訪れて全ての市町村を巡り終えたのだった。

初めての静岡県、本当に美しい自然や美味しい食とたくさん出会った。ただ実はまだ、さわやかのハンバーグを食べたことがない。旅人としては失格かもしれない。だから、また静岡県へ再訪できる日を心待ちにしている。

<table>
<tr><td>1</td><td>2</td><td colspan="2" rowspan="2">3</td></tr>
<tr><td>4</td><td>5</td></tr>
<tr><td>6</td><td rowspan="2">7</td><td>9</td><td>10</td></tr>
<tr><td>8</td><td>11</td><td></td></tr>
</table>

1 富士の頂に朝日が当たる（御殿場市）2 好きな道を見つけた（函南町）3 絶品の桜エビと生しらす（富士市）4 湧水溢れる柿田川公園（清水町）5 夕暮れの漁港（沼津市）6 ペリーロードの歴史を歩く（下田市）7 見学記念にうなぎパイ（浜松市）8 ゆっくりまちなみ散策（裾野市）9 窓に富士山が反射する（小山町）10 訛っていて、優しかった（川根本町）11 美しい小國神社、秋の終わりに（森町）

1 世界の歴史が集うMOA美術館（熱海市） 2 世界一濃い抹茶ジェラート（藤枝市） 3 天城越えと名瀑、浄蓮の滝（伊豆市） 4 ダンディなお父さんと仲良く（掛川市） 5 海の見える自動販売機（河津町） 6 大井川にかかる蓬萊橋（島田市） 7 渚の交番、そばには灯台（御前崎市） 8 湯気が朝日に照らされる（東伊豆町） 9 港の雰囲気を感じながら（焼津市） 10 冬には冬らしい美しさ（菊川市）

1		2	4
		3	
5	6	9	10
7	8		

1 大判焼き。もうすぐ日没（湖西市）2 静波海岸にて（牧之原市）3 虹と白糸ノ滝の美しさ（富士宮市）4 青野川に映り込む空（南伊豆町）5 ちゃんと目が合った（長泉町）6 法多山尊永寺へお参り（袋井市）7 なまこ壁と夢の蔵（松崎町）8 あと少し待ちましょう（三島市）9 城ヶ崎海岸に日が昇る（伊東市）10 蘇鉄広がる能満寺（吉田町）

もう一度、会いたい景色①

「一番好きな場所はどこですか?」という質問を今までたくさんしてもらった。気持ち的には一番という何かを比較するようなイメージはなくて、それぞれに良さがあるという感覚だ。絶景で好きな場所もあれば、暮らしの景色として好きな場所、そこに住む人が好きな場所もある。そうやって一概に断言することはできないけれど、わたしが大好きな、もう一度会いたい景色を、せっかくなので残すことができたらと思う。

01　知床の景色（北海道斜里町）

知床五湖を巡る景色はとにかく神秘的だ。
森、水、植物、生き物、全ての美しさに圧倒された。

02　増田の内蔵（秋田県横手市）

暖簾をひとたびくぐれば内蔵の美しい空間が広がり、
豪華な内蔵から歴史の誇りを知ることができる。

03　相倉集落（富山県南砺市）

小さな里山に佇む合掌造りは日本の原風景であることはもちろん、
日本がこの先もずっと守るべき宝物である。

徳島県阿南市の太龍寺へ、ロープーウェイで向かう。四国八十八ヶ所を巡るお遍路さんは多かった。
「同行二人」とはお遍路が弘法大師と常にともにあるという意味で、1,200年の歴史を超えて続く祈りの旅だ。

山形県遊佐町の丸池様。神秘的な泉は、地元の方々にとって大切な信仰の対象である。出会った地元のご夫婦は、
立派な木々に両手を触れ、泉の水を少し口に含み、そして小さなお社に手を合わせる。その後、笑顔で農作業に戻ったのが印象的だった。

日本の祈り

はじめに断っておくが、日本の宗教はこうだ、
的なことを書くつもりはない。
目の前に広がっていた日本の祈りについて、
書き残したい。

旅の中で、神社仏閣とほぼ毎日出会った。
たまにキリスト教会も訪れた。
まちの観光地で調べると、
ヒットするのである。
しがらみはないのでどこでも参拝をする。
どれだけ客観的に考えても、
日本には祈りの場が溢れていた。

祈りという行為は、
現代だと怪しいイメージにもなる。
「神や仏に祈りを」などと
言えば少し怪しい。

しかし、神社仏閣に訪れる理由が、
恋愛成就や商売繁盛、
はたまたパワースポットだから、
という言葉に変われば、
そこでの祈りは真っ当な印象になる。

要は、わたしたちは都合がいい。
時代に応じた都合の良さで、
物事の尺度を決める。
それが社会の「常識」になる。

長崎県の中通島・新上五島町に佇む大曽教会。住宅地に教会は溶け込み、目の前には青方の海が広がる。
見事なレンガ造りに込められた潜伏キリシタンの思いを、わたしは解説できない。それほどに深く、美しい。

佐賀県鹿島市、琴路神社の秋祭りへお伺いした。大学の後輩のご実家だったからだ。
地域のお祭りの中に、獅子舞や剣突きなど、豊かな民俗芸能が残っていた。伝統は、地域を守り続ける。

日本人の祈りに対するイメージの齟齬は、
旅をしていていつも不思議だった。

縄文時代の土偶は子孫繁栄を祈り、
神楽は豊作や豊漁を祈り、
正月は初詣で1年の幸せを祈り、
お葬式は故人の成仏を祈る。

どの時代も、
わたしたちは本来祈りとともに生きている。

ちなみにわたしはありとあらゆる
パワースポットに訪れており、
「最強の身」であるはずなのに、
その恩恵を受けているのかどうかは
正直分からない。

だから「祈りなんて嘘八百だ」と
言われることは全然構わない。

ただ祈りというシンプルな行為が、
これからの時代も続いて欲しいと思う。

わたしが知った日本の歴史は、
そうだったから。

23

AICHI

愛知県

1 山奥にひっそりと流れる（東栄町）2 歩んできた歴史を思う（豊田市）3 日本三大瓦、三州瓦（高浜市）4 イチニイ。あいち健康の森公園にて（大府市）5 昼下がりの三光稲荷神社（犬山市）

54の景色をひとつずつ知る喜び

38の市・14の町・2の村と合わせて54の市町村からなる愛知県。古くからモノづくりや最先端産業が進み、地理的にも産業面でもまさに日本の心臓部だろう。尾張から三河まで特色の大きく異なるまちをひとつずつ確かめるように巡る日々だった。

豊橋市では「豊鉄」に乗って豊橋駅までのんびり移動した。名古屋からは離れていても大きな街であることに変わりはない。豊川市の豊川稲荷は日本三大稲荷に数えられる由緒あるお稲荷さん。ただ神社ではなく妙厳寺というお寺であることには驚いた。蒲郡市では竹島という徒歩で渡れる島があり、橋の上で強風に揺られながらも一風変わった島旅が楽しめた。海辺にたくさんいたユリカモメも懐かしい。瀬戸市では「窯垣の小径」と呼ばれる窯道具を積み上げて作った塀や石垣を繋いだ道がある。約400m、細く曲がりくねった坂の多い路地やまちなみは独特の雰囲気でとても面白かった。設楽町、東栄町、豊根村など奥三河と呼ばれるエリアには緑に囲まれた長閑な山里が広がっている。日本の原風景が残る美しい世界からは、街だけでなく、豊かな自然を含めてひとつの愛知県であることを新たに教えてもらった。

春日井市では愛知県で行ってみたかった喫茶店のモーニングが美味しくて、岩倉市では街の雰囲気と駅前に流れる日常がとても好きだった。犬山市の国宝、犬山城は国宝五城の一つで、現存する日本最古の木造天守。木曽川に面した佇まいや、周囲の城下町の名残が残るまちなみ、縁結びの神社として知られる三光稲荷神社など、見所は多い。また、津島市に行けば、全国に約三千社ある津島神社・天王社の総本社もある。溢れる重厚な雰囲気からは自然と歴史の重みが伝わってきた。

碧南市では田んぼの景色を眺めていたところ、おじいちゃんが一人でギター片手に田んぼライブをしていて、思わず写真を撮らせてもらった。知多半島を進めば海が近くなる。南知多町の港町である師崎からは懐かしい潮の香りが漂い、細く迷いそうな路地を歩きながら歴史に思いを馳せた。常滑市のやきもの散歩道も独特で、土管坂と呼ばれる代表的な風景は焼き物の地らしさを存分に感じられる。

気づけばなんとか54の市町村全てを訪れることができたが、一つの県で8つのナンバープレートがあるように、本当に様々な暮らしや文化が広がる愛知県。いつか美味しいものを食べながらゆっくりと巡ってみたい。

1	2	3	
4	5		
6		7	8
9	10	11	

1 於大公園と遊具（東浦町）**2** 役所の近くを歩く（大治町）**3** 大学の先輩とお食事へ（半田市）**4** 雨は降ったり止んだり（愛西市）**5** ツインアーチ138へ（一宮市）**6** 師崎の細い路地をゆく（南知多町）**7** 曹洞宗大仏寺本尊（東海市）**8** 昔ながらの雰囲気が堪らない（瀬戸市）**9** 命を授かるシンボル、田縣神社（小牧市）**10** 用水路が多いと思った（弥富市）**11** 天王信仰の総本社、津島神社（津島市）

1		2	3	4
		5	6	
7	8	9		
	10	11	12	13

1 日々は流れ、前へ（岩倉市） 2 水の恵みを忘れない（知多市） 3 亀城公園で（刈谷市） 4 市役所近くの暮らし（北名古屋市） 5 見上げれば夏（扶桑町） 6 お邪魔しました（設楽町） 7 公衆電話（大口町） 8 送電線が大きく（蟹江町） 9 朝の光が照らす（尾張旭市） 10 レトロなでんしゃの博物館（日進市） 11 穏やかな住宅街（幸田町） 12 日の出前のまち（武豊町） 13 やきもの散歩道と土管坂（常滑市）

1		2	3	4
		5	6	7
8	9	12		13
10	11			

1 八丁味噌。二年寝かせる（岡崎市）2 細い道路沿いに（清須市）3 有名選手が通った（豊山町）4 長篠城跡（新城市）5 鳩さん（あま市）6 静かな村を（飛島村）7 三河安城駅はまもなく15時（安城市）8 田んぼライブの観客（碧南市）9 穏やかな（東郷町）10 平成のゴールが近いときに（知立市）11 通学の時間（田原市）12 味噌カツ、ご馳走様でした（名古屋市）13 国府宮神社の楼門（稲沢市）

1		2	3
		4	5
6	7	8	9
	10	11	12

1 ユリカモメが飛んでいく（蒲郡市）**2** 山奥の小さな暮らし（豊根村）**3** フラワーパークとサボテン（江南市）**4** 歴史公園で朝のストレッチ（西尾市）**5** 豊鉄に乗ってゆっくり揺られる（豊橋市）**6** 美しい市役所（みよし市）**7** えびせんべいの里にて（美浜町）**8** 念願のモーニングの時間（春日井市）**9** 広大なモリコロパーク（長久手市）**10** 中央競馬場と商店街（豊明市）**11** 名鉄河和線が走る（阿久比町）**12** 豊川稲荷と表参道の趣（豊川市）

三重県

24

MIE

1 尾鷲神社の大クス（尾鷲市）2 縁側に寝転んで花火を見た夜（亀山市）3 伊賀の歴史が流れ続ける（伊賀市）

美し国は、心に在り続ける

古くは日本書紀から「美《うま》し国」と呼ばれ、山や海の自然に彩られた三重県。この旅路はその美しい景色を確かめるように進む日々であった。

京都府南部から国道１６３号線を進み、最初にやってきたのは伊賀市。忍者の里として情緒あふれるまちなみが残り、踏切や学校、流れる日常はどこか懐かしい風が吹いている。亀山市では関宿と呼ばれる宿場町を訪れた。東海道五十三次の宿場町として活躍した江戸時代のまちなみが往時のまま保存されており、直接は見たことのない当時の暮らしが脳裏に描き出された。当日の夜は花火大会があり、宿泊したゲストハウスの縁側で見た花火は最高だった。四日市市はコンビナートが有名だが、住宅地と稲穂が黄金色になびく田んぼの景色がとても美しく、ここで過ぎ行く日常を想像した。桑名市に残る城下町はひっそりと佇んでおり、その後駅近くに広がる現代のまちなみと比較しながら、時代の変遷を静かに思った。

日本１００名城の一つ、松坂城跡は市街地を一望するように小高い丘陵の上に立つ平山城。壮大な石垣は綺麗かつ迫力があり、城跡を囲む歴史の趣溢れるまちなみも素晴らしい。裏門跡を出た先に一際目を引く御城番屋敷は、紀州藩士が松坂城警備のため移り住んだ武家屋敷で、整然とした石畳や生け垣が城跡の景色に美しく溶け込んでいる。今でも子孫の方々が暮らしているというから驚きだ。

伊勢市では友人の家にお世話になり、伊勢神宮はもちろん、河崎という江戸時代の名残が残る地域へも訪れた。勢田川に沿って石段の残る昔ながらの商家や蔵を見て今までの印象とは異なる伊勢を知った。その友人とレンタカーで巡った鳥羽や志摩の美しい景色も忘れがたい。鳥羽市では石鏡（いじか）という小さな港町へも訪れた。観光地ではないありのままの暮らしがあり、目の前に静かに広がる豊かな海が印象的だった。友人に別れを告げ、伊勢市から尾鷲市へ向かう道中は12月で真っ暗な朝5時に出発したこともあり、山越えが心底寒く、両足の太ももが痙攣してしまった。未知の恐怖を感じながら、やっとの思いで辿り着いたコンビニではその後5分以上体が動かせなかった。ただその後、尾鷲神社で道路にはみ出るほどの御神木を見たときには改めてパワーが充電されたのだった。美し国は、これからもずっと私の心に在り続ける。肌で感じた季節の巡りが懐かしいほどだ。

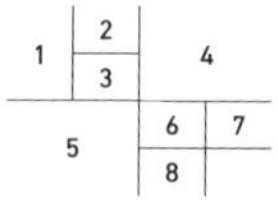

1 伊勢らしさが広がる海（南伊勢町）2 気づけば稲穂は黄金色に（いなべ市）3 川越電力館でエネルギーを知る（川越町）4 江戸時代の風情を残す河崎へ（伊勢市）5 いつもの道路（度会町）6 内宮の別宮、瀧原宮（大紀町）7 友人が作ってくれた朝食（伊勢市）8 美しい石鏡で過ごす時間（鳥羽市）

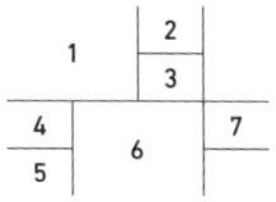

1 暮らし息づく御城番屋敷（松阪市）2 ここは第三機動隊（朝日町）3 自然に囲まれたまちへ（大台町）4 女将さんの絶品ランチを頂いた（紀北町）5 落ち着く住宅街を進む（四日市市）6 東員駅から出発します（東員町）7 ウミガメの命をつなぐこと（紀宝町）

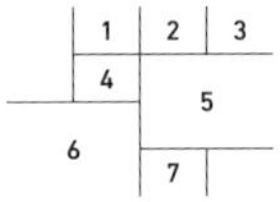

1 新しい道がつくられていく（菰野町）2 日本最古の地、花の窟にて（熊野市）3 斎宮歴史博物館で伊勢を知る（明和町）4 全国の猿田彦大神を祀る神社の総本宮（鈴鹿市）5 静かに栄えるまちなみ（桑名市）6 幾重に重なる英虞湾の島々（志摩市）7 まちと緑のバランスの良さ（名張市）

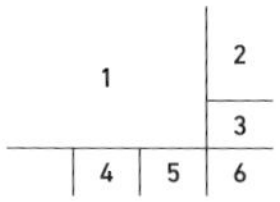

1 冬のグラウンドにて（多気町）2 朝を迎える津偕楽公園（津市）3 美味しいみかんあります（御浜町）4 肌寒い冬の風が吹く（玉城町）5 琉球犬のゆりこさん（亀山市）6 ゆっくり散歩したくなる（木曽岬町）

滋賀県

25

SHIGA

1 細部まで美しい彦根城（彦根市）2 放課後ティータイムと会えそうな（豊郷町）3 誰にとっても夏（長浜市）4 小さな梅花藻の輝き（米原市）

19の市町と琵琶湖「も」ある

日本一大きな湖である琵琶湖は県面積の約6分の1を占めるが、「滋賀県は琵琶湖しかない」ことはもちろんない。琵琶湖は知名度があり、関西圏の人々の暮らしを支える大切な存在であることを忘れてはいけないが、まず滋賀県には19の市町がある。山深い道もあれば美しい寺社も佇んでおり、滋賀らしい様々な景色や歴史、まちの生活を知ると、きっと印象は変わってくるはずだ。少なからず、私は琵琶湖も含めた滋賀県全体が好きである。

高島市へは福井県側からやって来た。メタセコイアの並木を見たかったのだが、晴れた日に消失点まで続くメタセコイアと影のコントラストは実に美しい。大勢の小学生たちがおそらく授業の課外学習で自転車に乗って通り過ぎたのだが、実に気持ち良さそうだった。米原市には醒井宿という中山道61番目の宿場町がある。醒井の地名の由来となった「居醒の清水」を源流とした地蔵川の流れに沿って、今も風情あるまちなみが続いている。川には「梅花藻」と呼ばれるとても珍しい水中花が咲く。清らかな川の水面に、妖精のように咲く小さく美しい花には心からうっとりさせられた。彦根城は天守が国宝に指定されている国宝五城に名を連ねる。築城から400年余、明治の廃城令や太平洋戦争の空襲も免れ、現存する城の中でも極めて保存状態が良い。城の中はシンプルで、ほのかに感じられる木の香りが好きだった。何より洗練された雰囲気は日本の歴史を物語っている。

豊郷町の旧豊郷小学校旧校舎群は有名アニメの聖地と言われている。多くの西洋建築を手がけた建築家のヴォーリズが設計し、その美しさから「東洋一の小学校」と称されたほど。校舎中を歩き回り、気づけば童心に帰ったようだった。甲賀市のMIHO MUSEUMは山の奥へずっと進んだ先にある美術館。美の桃源郷と呼ばれ、I・M・ペイという大変著名な建築家によって設計されたものだ。館内の光は実に爽やかで、窓の外には豊かな信楽の自然が広がっている。展示もとても面白く、日本はもちろん西アジアや南アジア、エジプトにギリシア、ローマ、とにかく世界中の作品が揃っており、世界中を旅した気分になれた。

素晴らしい自然、建築、まちなみ、いろいろと思い出すが、悠久の時を経ても琵琶湖が今日を生きているように、滋賀県での出会いが色褪せていくことはない。

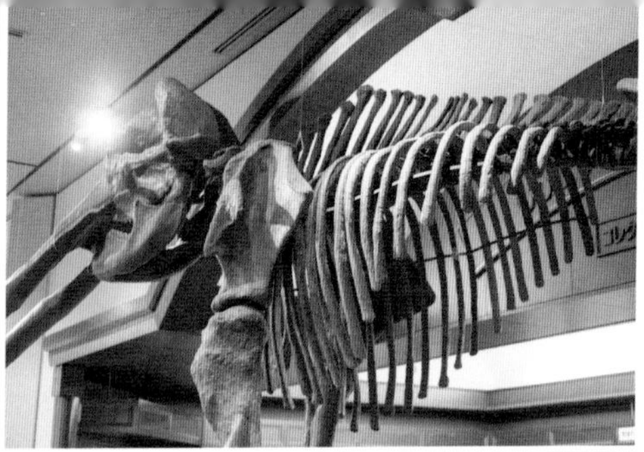

1	2	5
3	4	
6	7	8
	9	

1 一大イベントの日（大津市）2 琵琶湖博物館に化石ゾウ（草津市）3 琵琶湖が海のように（彦根市）4 のどかな風景と過ごす（甲良町）5 並木がどこまでも続いてゆく（高島市）6 みんなの通学路（栗東市）7 琵琶湖のほとりにひまわり畑（守山市）8 荘厳な日牟禮八幡宮へ（近江八幡市）9 マーガレットステーションにて（東近江市）

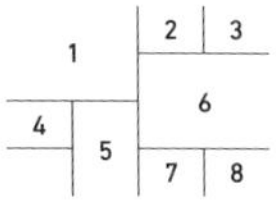

1 安土桃山の風情、八幡堀（近江八幡市）**2** スーパーの屋上と青空（愛荘町）**3** 石川で出会い、湖南で再会した（湖南市）**4** 多賀大社の万灯祭の一コマ（多賀町）**5** 楼門をくぐれば国宝の御上神社（野洲市）**6** 美の桃源郷MIHO MUSEUMへ（甲賀市）**7** 体が重くてここで3時間寝た（竜王町）**8** 静かな田園が広がる（日野町）

26

京都府

KYOTO

1 府道659号線に沿って（京丹後市） 2 美しい浄瑠璃寺で祈る（木津川市） 3 雨降る渉成園にて（京都市）

目の前に在る京都を折り重ねる

京都府は小さな頃から訪れたことがあり、大好きな場所だ。京都市内の歴史と伝統、文化の香り漂う雰囲気にはやはり世界の心を射止めるには十分すぎる魅力がある。しかし、旅を経てそのイメージは大きく刷新された。京都市内のみならず、伊根町などの北部から南山城村などといった南部まで、今まで知らなかった景色も合わさってひとつの京都府が形づくられていると改めて気づいたからだ。

伊根町には舟屋と呼ばれる民家が伊根湾に沿って立ち並ぶ。舟屋の1階は船のガレージ、2階が居住スペースとなっている独特の建造物はどこか懐かしく心揺さぶられる。背後はまちを囲むように山並みが広がり、山と海に挟まれたまちなみはまさに日本のヴェネツィアと称されるにふさわしい。舞鶴市の赤れんがパークは日本に現存する最古級のれんが建造物が並ぶ。急に目の前に現れた異国情緒に驚かされた。舞鶴港からはフェリーに乗って原付と北海道へ向かったことも懐かしい思い出だ。福知山城は明智光秀が築き、現在京都府で唯一天守閣へ登ることができる。落ち着いた市街地の雰囲気と調和した天守閣はまさにまちのシンボルである。京都市の隣、亀岡市は四方を山に囲まれた盆地が広がる。同市出身の大学の同級生曰く、亀岡市民は自分たちを「亀人」と呼ぶらしい。偶然観ることができた花火大会の賑わいもよく覚えている。

宇治市の平等院は世界遺産に登録されているが、まさに極楽浄土のような時間が流れていた。10円玉を財布から出して同じデザインであることを確かめればどこか嬉しくなる。木津川市では原付のエンジンがストップしてしまい困り果てていたところ、先に目的地であった浄瑠璃寺へ徒歩で参拝し、エンジンがかかりますようにと祈願した。その後本当に原付が動いたのであるから、浄瑠璃寺には感謝してもしきれない。和束町に広がる茶畑は日本の原風景のように美しく、晴れた空と緑のコントラストに心奪われた。そして笠置町や南山城村の自然に囲まれたまちなみを走り、今まで知らなかった京都府の魅力を再確認したところで26ある市町村を全て巡り終えた。

「そうだ京都、行こう。」というJRの有名なキャッチコピーがあるが、北から南まで、出会った景色は確かに何度も思い出として蘇り、ふと京都へ行きたくなってしまう。今度はどんな京都、行けるかな。

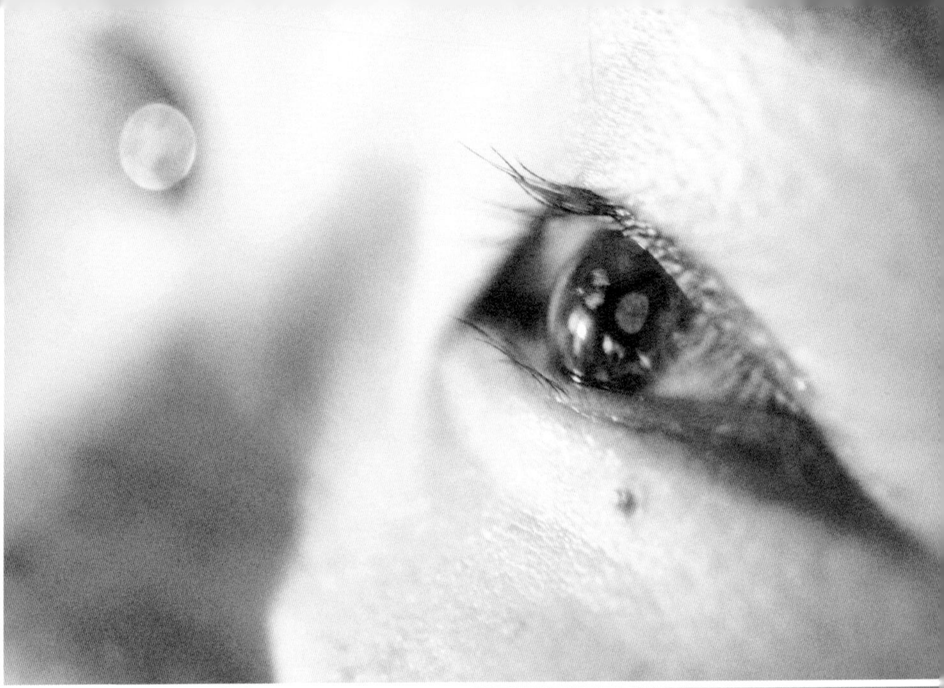

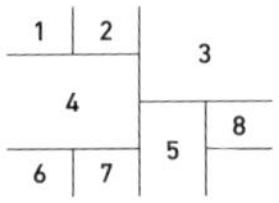

1 石清水八幡宮と暮らし（八幡市）2 まちの駅の散策（久御山町）3 瞳に映る打ち上げ花火（亀岡市）4 トンネルをくぐってアサヒビール大山崎山荘美術館へ（大山崎町）5 まちなみを静かに歩く（与謝野町）6 園部の商店街と煙突（南丹市）7 役場にぽつんと公衆電話（井手町）8 美しい夏の素朴さ（精華町）

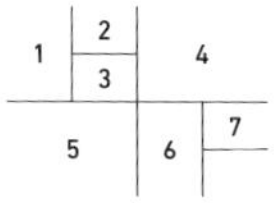

1 海と山の間に佇む舟屋（伊根町） 2 ジュースを奢ってもらった（向日市） 3 ほどよい時間の流れ（城陽市） 4 茶畑のある日常（宇治田原町） 5 一休寺と虎の屏風（京田辺市） 6 まちのシンボル、福知山城（福知山市） 7 はんなりいただきます（宇治市）

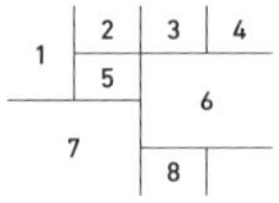

1 茶畑と空のコントラスト（和束町）2 天橋立に静かな智恩寺（宮津市）3 東京オリンピックへ向けて（京丹波町）4 カラフルな小学校が見える（南山城村）5 綾部駅近くの商店街を歩く（綾部市）6 総本山、光明寺で井戸端会議（長岡京市）7 赤れんがの歴史を訪ねる（舞鶴市）8 木津川は土曜日の昼下がり（笠置町）

もう一度、会いたい景色②

「一番好きな場所はどこですか?」という質問を今までたくさんしてもらった。気持ち的には一番という何かを比較するようなイメージはなくて、それぞれに良さがあるという感覚だ。絶景で好きな場所もあれば、暮らしの景色として好きな場所、そこに住む人が好きな場所もある。そうやって一概に断言することはできないけれど、わたしが大好きな、もう一度会いたい景色を、せっかくなので残すことができたらと思う。

06　伐株山からの眺め（大分県玖珠町）

山頂から景色を眺めるように揺れるブランコ、見上げれば空飛ぶパラグライダー、のどかな時間に心が癒された。

05　しまなみ海道（愛媛県今治市）

スーパーカブで橋を走り抜ける感覚、見渡す島々と瀬戸内海の景色は最高の一言以外思い浮かばない。

04　熊野古道の参道（和歌山県那智勝浦町）

古の歴史をそのまま感じられる巡礼の道は、歩くだけで力を分けてもらえるような不思議な体験だった。

27

大阪府

OSAKA

1 記念写真（大阪市）2 大仙公園と千利休像（堺市）3 カップヌードルの歴史（池田市）4 日曜日のお昼時（吹田市）

暮らすように大阪の音を聴く

大阪府は33の市、9の町、1つの村で合わせて43の市町村があり、小さな面積に数多くの暮らしが広がっている。今までの大阪のイメージは難波や梅田のような繁華街だったが、まちを順に巡れば、印象はそれまでとはまるで変わってくる。

まず最南端、岬町から大阪府へ入り、阪南市や泉南市、田尻町などのまちを進む。郊外の穏やかな住宅街が広がり、電車を待つ人、役場へ向かう人、ささやかな日常が伝わってくるだけでも私にとっては新しい大阪との出会いだった。だんじり祭で有名な岸和田市は岸和田城を中心として栄えた城下町であり、青空と岸和田の城下町のまちなみは実に美しく歴史の趣が感じられた。和泉市の池上曽根史跡公園には弥生集落の遺跡が復元されており、弥生時代の空間とすぐそばに広がる住宅街の時間の流れに不思議な気持ちになった。

泉大津市の助松神社では天然記念物の神鶏が出迎えてくれた。放し飼いで境内を歩く姿は悠々たるものだ。堺市の大仙公園は仁徳陵と履中陵に挟まれた公園。古墳群が世界的に評価されていることは、日本の歴史が評価されていることと同義であり、私たち日本人もその歴史の奥深さをもっと理解すべきだろう。柏原市辺り、大和川の河川敷の景色はとても好きで、ランニングする人や犬の散歩をする人、優しい日常に溢れていた。富田林市の寺内町は中世末期の碁盤目状の町割が未だに残る町。残された伝統的なまちなみの綺麗さと広さは群を抜いており、タイムスリップしたと思っても納得できるほどだ。箕面市から眺める大阪市のまちなみは遠目ながら綺麗で、高槻市や島本町で子供たちが遊ぶ姿からは日々の美しさを教えられ、交野市では不思議なパワースポット、星田妙見宮で手を合わせた。豊能町と能勢町は、山深く他の大阪の地域とは異なる雰囲気が広がっている。原付ではかなり遠かったが、この地も含めて大阪であることは、やはり大阪の広さと面白さを感じずにはいられない。

なんとか、43の市町村を巡ることはできたけれど、知らない暮らしはまだまだきっと広がっているはずだ。それほどに大阪府は奥深く、それぞれの土地で暮らしの音がした。

<table>
<tr><td>1</td><td>2</td><td colspan="2" rowspan="2">3</td></tr>
<tr><td>4</td><td>5</td></tr>
<tr><td rowspan="2">6</td><td>7</td><td>8</td><td>9</td></tr>
<tr><td>10</td><td>11</td><td></td></tr>
</table>

1 河川敷と日常（柏原市）2 朝のテニスコート（八尾市）3 りんくう公園から関空連絡橋（泉佐野市）4 青空へそびえる岸和田城（岸和田市）5 サンタは原付移動（箕面市）6 野崎観音を見上げて（大東市）7 朝日が照らす（摂津市）8 茨木神社にて（茨木市）9 住宅地に現れる弥生時代（和泉市）10 朝の掃除かな（阪南市）11 水間寺の情緒（貝塚市）

<table>
<tr><td colspan="3" rowspan="2">1</td><td>2</td><td>3</td></tr>
<tr><td>4</td><td>5</td></tr>
<tr><td>6</td><td>7</td><td rowspan="2">8</td><td colspan="2" rowspan="2">9</td></tr>
<tr><td></td><td>10</td></tr>
</table>

1 見守るパパ（豊中市） 2 助松神社に悠々たる神鶏（泉大津市） 3 星田妙見宮に流れる時間（交野市） 4 皮を干していた（豊能町） 5 古刹、観心寺へ（河内長野市） 6 昨日は雨だった（泉南市） 7 冬至の頃（島本町） 8 住宅街を歩きながら（四條畷市） 9 狭山と水の美しさ（大阪狭山市） 10 いろんな新聞（熊取町）

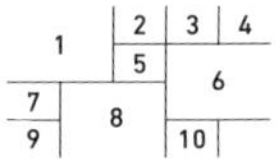

1 変わらない暮らし（枚方市）2 友人の最寄り駅（東大阪市）3 商店街にて（守口市）4 大阪にも成田山（寝屋川市）5 道の駅に葉牡丹（河南町）6 朝の改札口（岬町）7 まちなみとたこ焼き（田尻町）8 ポツンと象さん（門真市）9 聖徳太子の叡福寺にて（太子町）10 今城塚古墳公園と埴輪（高槻市）

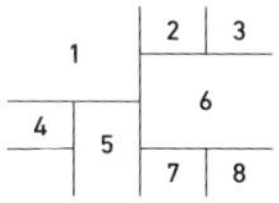

1 静かな朝焼け（能勢町） 2 カモン、たかいし（高石市） 3 広く美しい寺内町（富田林市） 4 檜皮葺きの本殿、道明寺天満宮（藤井寺市） 5 休憩の時間（忠岡町） 6 毎日の生活（松原市） 7 下赤阪の棚田（千早赤阪村） 8 ようこそ道の駅へ（羽曳野市）

28 兵庫県 HYOGO

1 渦潮と咸臨丸（南あわじ市）2 いくたロードを歩く（神戸市）3 美しい白鷺城（姫路市）

日本の縮図
偏りのない魅力

北は日本海、南は瀬戸内海に面し、地域の多彩な表情から「日本の縮図」とも称される兵庫県。41の市町を巡り、日本の縮図とはなんだろうか、としばし考えてみたが兵庫県はバランスのとれたやじろべえのようだ。地理的に日本のへそ「西脇市」や子午線の「明石市」があることはもちろん、どの地域にも偏りのない魅力があり兵庫県全体を支えている。

最初は日本海沿いに鳥取県から兵庫県へやって来た。新温泉町、香美町を巡り、豊岡市では日本海のそばに佇むゲストハウスでお世話になったのだが、オーナーの奥様が疲れて弱っている私にご好意で作ってくださったシチューの味は忘れられない。

朝来市で一躍有名になった天空の城、竹田城跡では雲海は見られなかったものの、城跡から眺める景色は実に素晴らしく、カラッと晴れた空の下で思い切り深呼吸をした。福崎町は日本民俗学の父、柳田國男の出身地。生家も見ることができるのだが、敷地内の至るところで著書に出てくる妖怪が顔を出し、池の中から時間をあけて姿を見せる河童の演出はとても面白かった。篠山城跡のある丹波篠山市は江戸時代の城下町も含め、趣溢れるまちなみが残されている。私が訪れた日は「篠山市」だったが、２０１９年5月に住民投票で「丹波篠山市」に改名され、地域の魅力発信がますます進んでいる。西宮市では福男選びで有名な西宮神社へ参拝した。福男になれる脚力は持ち合わせていないが、門が開く際のベストポジションに立つと謎の自信だけが湧いたものだ。

淡路島は２０１９年のGWに、住み込みバイトで初めて訪れて、その仕事の合間に洲本市、淡路市、南あわじ市の3つを巡った。名産の玉ねぎは感動する甘さだったし、日本最古の神社とも言われる「伊弉諾神宮」は神気に溢れ、手を合わせるだけで心がホッとした。加古川市の鶴林寺は聖徳太子が創建したとされる古刹で情緒に溢れ、姫路城は白鷺城と呼ばれるにふさわしいほどに眩しく、世界遺産のパワーが溢れていた。そして宍粟市にある伊和神社も播磨国一の宮として知られ、深い木々に囲まれた厳かな雰囲気は独特だった。忠臣蔵の舞台として有名な赤穂市は歴史ロマンに溢れる地で、赤穂城跡の美しい石垣と庭園、穏やかな景色に見惚れてしまった。

ここに記していない市町も思い出深い場所ばかりだ。日本の縮図を拡大するようにして進んだ旅路はとにかく贅沢な日々であった。

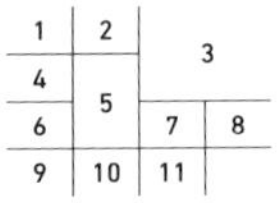

1 森林公園は雨（三木市） 2 余部鉄橋、空の駅（香美町） 3 宿場町平福を歩きながら（佐用町） 4 宿の奥様に頂いたシチュー（豊岡市） 5 銀の馬車道を進む（神河町） 6 芦屋川の通り（芦屋市） 7 国宝鶴林寺と巨大な草履（加古川市） 8 霧に包まれて（丹波市） 9 篠山城跡の石垣（丹波篠山市） 10 明石城からの街並み（明石市） 11 国宝浄土、中には阿弥陀像（小野市）

1 異国の香り、道の駅白龍城（相生市） 2 いなみ野水辺の里公園にて（稲美町） 3 冬の川西市役所（川西市） 4 播磨国一の宮、伊和神社（宍粟市） 5 有馬富士公園を歩く（三田市） 6 穏やかな役場（市川町） 7 播磨中央公園と像（加東市） 8 日常が走る（養父市） 9 あわじ花さじき（淡路市）

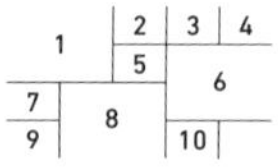

1 雨降る斑鳩寺（太子町）2 淡路島らしさ（洲本市）3 足湯で仲良くなった（新温泉町）4 そうめんの里で歴史を知る（たつの市）5 宝塚らしい雰囲気（宝塚市）6 時代が流れる（赤穂市）7 サンタのおじさん（猪名川町）8 暫くは雨の音（播磨町）9 まちなみを歩く（尼崎市）10 懐かしい雰囲気（多可町）

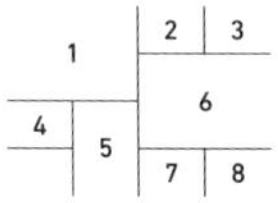

1 日本のおへそに立つ（西脇市） 2 福男選びの西宮神社にて（西宮市） 3 十字路と暮らし（加西市） 4 河童が出てきた（福崎町） 5 生石神社に石の宝殿（高砂市） 6 冬空に竹田城跡（朝来市） 7 伊丹スカイパークで見る飛行機（伊丹市） 8 日々は進む（上郡町）

29

NARA

奈良県

1 冬が過ぎてゆく（河合町）
2 絶対に美味しい（黒滝村）
3 荘厳な橿原神宮（橿原市）
4 世界遺産の地、吉野山にて（吉野町）

いにしえとふるさと、明日をむすぶ道

有名な観光地を挙げればきりがない奈良県。世界遺産に登録されている場所も多く、1300年の歴史を誇る古都はまさに「あをによし」の枕詞が似合う。そんな奈良県も細かく分ければ合わせて39の市町村があり、地域によってまるで違う雰囲気を味わうことができる。

奈良県南部には山深い雄大な自然が広がっている。上北山村や下北山村は県北とはまるで異なる雰囲気が漂い、流れる日常はとても穏やかで懐かしい。日本で一番大きな村、十津川村では本当に気が遠くなりながら原付を走らせたが、不思議な色をした十津川の水面、そして温泉郷近くのまちなみは日本の奥深さを教えてくれた。野迫川村は人口500人足らずの村で、北側は信仰の山・高野山に接し、役場の標高は800mを超える。年平均気温も札幌並みの地へ着いた時はうっすら雪が積もり、秘境へたどり着いたようで驚きだった。天川村にある奈良有数のパワースポット、天河大辨財天社は古来聖地として多くの聖人やアーティストを魅了してきた。「神様に呼ばれた人しか行けない」といういわれが残されるほどに、スピリチュアルな場所だ。幕に囲まれた薄暗い神殿、その厳かな雰囲気は神聖さそのものであった。日本最強の城と呼ばれる「高取城」は山そのものの自然地形を活かし、要塞化した山城。麓の城下町からの高さは全国一の446mを誇る。原付を止めて細い登山道から城跡へ向かったのだが、日没も近い夕暮れ時、城跡から戻る山道で迷ってしまった。生汗をダラダラかいてしまったことは懐かしい思い出だが、本当に冬山に遭難すると思い怖かったものだ。明日香村の甘樫丘から眺める景色はとても好きで、大和三山やまちなみを眺めれば、日本のふるさとへやって来たような気持ちになる。

北西部には小さな市町が密集している。王寺町の達磨寺は聖徳太子の愛犬、雪丸の像が鎮座し、大和郡山市では郡山城跡の美しい石垣を見上げ、天守台に登って若草山まで見える奈良のまちを一望した。奈良市ではまだ行ったことのない場所へ行ってみようと春日大社へ訪れたが、朱色の本殿は高貴な深みがあり、王朝文化の歴史が存分に感じられた。

奈良県はどこを走っても心のふるさとのようであった。道に例えるなら、いにしえから続く、自然と歴史に守られた美しい一本道である。そしてこの道は明日へと続き、いにしえと明日を結ぶ道となって、私の心をこれからも離さないだろう。

1	2	3	
4	5	6	7
8	9	10	

1 朝護孫子寺へ進む（平群町）2 変わらない生活（上北山村）3 郡山城跡からの眺め（大和郡山市）4 神聖な天河大辨財天社（天川村）5 静かな朝の時間（上牧町）6 学校終わり（安堵町）7 雪降る山間の秘境（野迫川村）8 素敵な布を見つけた（明日香村）9 大中池に浮舞台（大和高田市）10 大和の北海道と野菜（御杖村）

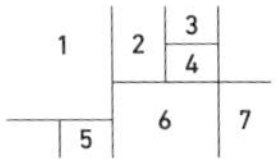

1 共に暮らす、春日大社（奈良市）2 一言の願い、葛城一言主神社（御所市）3 駅近くを散策する（生駒市）4 女人高野、室生寺（宇陀市）5 かつてのカラオケ（大淀町）6 水源地の村に大滝ダム（川上村）7 暮らしを感じながら（香芝市）

1	2	3
	4	5
6	7	
	8	9

1 放課後の時間（葛城市）2 通勤の時間（三宅町）3 竹取公園にひっそりと（広陵町）4 新町と昔の香り（五條市）5 冬の光が差し込む（曽爾村）6 季節の巡り（斑鳩町）7 静かな暮らし（東吉野村）8 歩いていて安らぐような（下市町）9 不思議な雰囲気を進む（天理市）

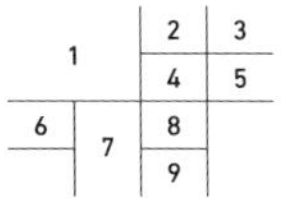

1 朝霧に消えていく（田原本町）2 山奥に佇む暮らし（十津川村）3 長谷寺の登廊（桜井市）4 学校へみんなで（川西町）5 達磨寺と雪丸（王寺町）6 坂に家が並ぶ（三郷町）7 柿と石垣と（山添村）8 七不思議の明神池（下北山村）9 日本最強の山城、高取城跡（高取町）

30

和歌山県

WAKAYAMA

1 海を独り占め（すさみ町）2 雪降る高野山の入り口、大門（高野町）3 雨上がりの色（紀の川市）4 袋いっぱいのみかんを頂いた（有田川町）

暮らしと神仏の足跡を辿る

雄大な自然に囲まれ、歴史ロマン溢れる和歌山が私は大好きだ。紀南地方から紀北地方まで、山奥から海岸線まで、どこを進んでもパワーを分けてもらえるような美しい和歌山県の魅力が詰まっている。

北山村は全国でも大変珍しい「飛び地」村だ。各都道府県内で飛び地となっている地域はいくつかあるが、北山村は奈良県と三重県に囲まれ、和歌山県と県境を接していない。それでも和歌山県なのだから驚きだ。神秘的な青緑色をした北山川の流れやひっそりとした暮らしは大変美しかった。新宮市では宿泊できる図書館へお邪魔した。子供向けの図書館であるが、地域の若い方々の憩いの場にもなっている。本を借りたり自習をしたり、そして集いの場として盛り上がったり。当日の夜は「旅人が来る」というオーナーさんの声かけでたくさんの地元の方が集まってくださり、とても楽しい一夜だった。那智勝浦町はなんといっても世界遺産、熊野古道。原付を止め、大門坂と呼ばれる参道を進み、那智大社や那智大滝を目指す。大きな夫婦杉や生い茂る竹林、そして古の参拝者たちが絶え間なく歩いた石畳、全てが神秘的で魂が震えた。帰り道に登り途中の地元のおばあちゃんと仲良くなったが、決して短くはないこの参道を毎日往復していると聞いて腰が抜けそうになった。

太地町では鯨について世界一のスケールを誇る町立くじらの博物館へ訪れた。全身骨格の標本は大迫力で展示も凝っており、また鯨ではないがイルカショーを見ることができて、賢いイルカたちの動きに束の間の癒しを得た。有田市は和歌山県の代表的なブランドとして有名な「有田みかん」の一大産地。傾斜の大きい段々畑を埋め尽くすように広がる一面のみかん畑は圧巻だ。有田川町では道端で出会ったおばあちゃんが「みかんいるか?」と倉庫まで案内してくれて、袋にいっぱいのみかんをくださったことが懐かしい。そして天空の聖地、高野山はまさに異世界だ。道中は雪が降り、原付で本当に凍りそうになりながら標高８００ｍの聖地へ向かった。うっすら雪化粧した真言宗の聖地は霊験あらたかで、道を歩く僧侶さんを見るだけでも、文化や世界が違うように感じられた。本当に崇高かつ静謐な宗教都市だと思う。最後に訪れた和歌山市では、早ずしと和歌山ラーメンをいただいて、やっと和歌山県を一通り巡ることができただろうと、肩の荷が降りたのだった。

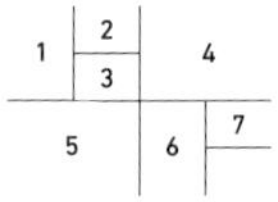

1 学校へ行く時間（印南町）2 劇場に案内してもらった（和歌山市）3 全部美味しい（有田川町）4 冬空とみかん畑（有田市）5 まもなく夕方（上富田町）6 根来寺の大塔（岩出市）7 美しい丹生都比売神社（かつらぎ町）

1	2	3	
		5	
4		6	7
		8	

1 不思議な奇岩、橋杭岩（串本町）2 飛び地村の美しい川（北山村）3 "稲むらの火"を思い巡る（広川町）4 冷え込んだ朝（みなべ町）5 黒江のまちなみを歩く（海南市）6 イルカの大ジャンプ（太地町）7 夕日と白良浜（白浜町）8 遂に和歌山ラーメン（和歌山市）

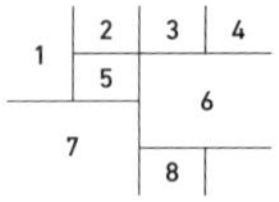

1 ススキと生石高原（紀美野町）2 真田のみちを歩く（九度山町）3 ホップステップ（すさみ町）4 工事中の白崎海洋公園（由良町）5 熊野本宮大社への参道（田辺市）6 青岸渡寺と那智大滝（那智勝浦町）7 冬の日常（日高川町）8 ビニールハウスが並ぶ（御坊市）

	1	2
		3
4	5	6
	7	

1 煙樹ヶ浜と釣り人（美浜町）2 巨大な古座川の一枚岩（古座川町）3 穏やかな暮らし（橋本市）4 町役場は曇り（日高町）5 懐かしいまちを歩く（湯浅町）6 みなさんと過ごした夜（新宮市）7 熊野の郷土料理、めはり寿司（新宮市）

31

鳥取県

TOTTORI

1 2 3

1 水木しげるロード（境港市）2 高校生と過ごした放課後（米子市）3 美しい白兎海岸の朝（鳥取市）

© 水木プロ

温かな出会いが鮮明に蘇る

私にとって鳥取県はとても広い。砂丘しかないなんて言う人は、近所の散歩からきっとやり直した方がいい。人口は少ないかもしれないが、私の大好きな人たちが鳥取には確かにいる。

「妖怪の町」、境港市で有名な水木しげるロードは至る所に愉快な妖怪が立ち並び、訪れる人々を出迎える。伯耆町ではとあるお家に宿泊させていただいた。大学の先輩のご実家で、本当に温かく迎えてくださり、郷土料理の「いただき」など美味しい食事までご馳走になった。そしてお勤め先である高校で写真部の顧問の先生を紹介していただき、翌日には放課後、高校の写真部の部員たちと一緒にカメラを持って学校近くを散策した。ささやかな会話も写真を撮り合ったことも、懐かしい青春が鮮明に蘇ったのだった。みんなには心からありがとうを伝えたい。

遠くからも眺めることのできる大山は本当に美しい。多くの登山家に愛されるだけでなく、名峰としても崇拝されてきた。大山の中腹の大山寺はかつて高野山に劣らないほどの隆盛を極め、大神山神社奥宮は全国最大級の壮大な権現造りが堂々と佇む。どちらも大変な歴史と荘厳さを感じられ、大山がいかにパワーを秘めた場所であるかを教えてくれた。倉吉市に残る白壁土蔵群は赤瓦と白壁のレトロなまちなみが玉川沿いに並ぶ。室町時代は城下町、江戸時代には陣屋町として栄えたまちなみは当時の面影を色濃く残し、風情に溢れている。また湯梨浜町や三朝町の温泉街もとても好きだ。湯梨浜町の東郷温泉は目の前に大きな東郷池が広がり上品な景色が楽しめる。三朝温泉は三徳川に沿って懐かしい温泉街が続き、歩くだけでも疲れが取れるようだった。三朝温泉の足湯へ浸かったが、それだけでも十分なほどに幸せだった。若桜町にある日本三大投入堂の一つ、不動院岩屋堂は天然の岩窟内に舞台造りのお堂が作られている。生で見ると本当にどうやって作ったのだろうと感じられる不思議さだ。

鳥取市では鳥取砂丘も素晴らしかったが朝日に照らされる白兎海岸は一段と神秘的だった。神話として有名な「因幡の白兎」の舞台であり、流れる美しい時間は神話の世界そのものに感じられた。鎮座する白兎神社は縁結びの神様であるが、今振り返ると鳥取の地で素敵な出会いやご縁にたくさん恵まれたことが、白兎のおかげに思えてならない。

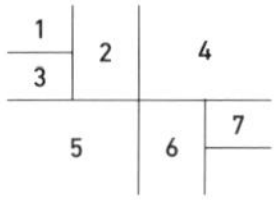

1 静かに佇む東郷池（湯梨浜町）2 温泉街を歩く気持ちよさ（三朝町）3 蛍を見に行った夜（南部町）4 大山の麓から雲海（大山町）5 隼駅にさくら4号（八頭町）6 お世話になったお家にて（伯耆町）7 海辺でいただきを頂いた（日吉津村）

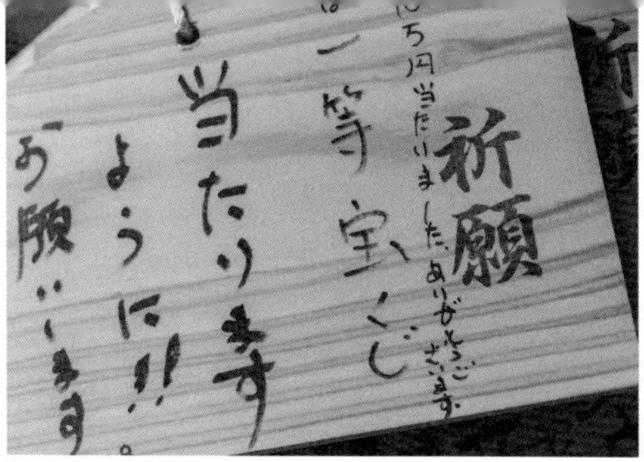

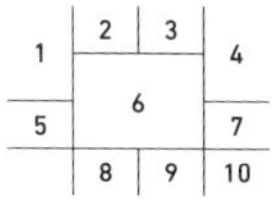

1 青山剛昌ふるさと館（北栄町）2 金持神社の絵馬（日野町）3 不思議な不動院岩屋堂（若桜町）4 撮ってるのか撮られてるのか（米子市）5 穏やかな日々（日南町）6 美しい倉吉のまちなみ（倉吉市）7 道の駅、きなんせ岩美へ（岩美町）8 奥大山を眺める（江府町）9 ちょうだいな（智頭町）10 鳴り石の浜は道端にも（琴浦町）

32

島根県

SHIMANE

1 美しい庭園と光、足立美術館（安来市）2 隠岐の牛突き（隠岐の島町）3 春の津和野を歩く（津和野町）4 伝統の雲州そろばん（奥出雲町）

西から東、そして島で流れる日々よ

出雲国、石見国、そして隠岐国とそれぞれ色濃い歴史に包まれた島根県。西から東までは約２３０㎞と長く、隠岐諸島の中でも４つの自治体に分かれているのであるから、全ての市町村を巡ることは簡単ではない。だからこそ、思い出深い場所は多い。

津和野町は山口市で怪我の療養をしている間、お世話になっていた親戚のお母さんが連れて来てくださった。桜が満開の光景に、城下町時代の趣溢れる佇まいを残すまちなみは本当に美しく見事であった。吉賀町は益田市から片道60㎞弱あり本当に遠かったが、谷が開け、自然に囲まれた古き良きまちなみに日本の広さを思い知らされた。邑南町や川本町、美郷町といった邑智郡のまちなみも大好きで、美しい自然に囲まれた集落や田んぼの風景、日本の原風景そのものを表現できるような景観は本当に素晴らしいと思う。

世界遺産、大田市の石見銀山は原付では入れないため、バスに乗って集落へ訪れた。世界の産出銀の約3分の1を占めていた当時の繁栄を伝える遺跡があり、大森地区という地域は今もなお暮らしが息づいている。石州瓦の美しいまちなみは２００年にわたって守られ続けており、この地でこれからも穏やかな暮らしが続いて欲しいと願ってやまない。

出雲市は何と言っても出雲大社が有名だが、私は6月の田んぼに映った夕焼けが何より好きだった。日は間も無く沈み、焼けた空と電線が残り、何の変哲も無い日常が流れている。それは出雲という神話の地でも、日本のどんな場所でも一緒だと気づいたのだった。

隠岐諸島は島前と島後に分かれている。島後の隠岐の島町は日帰りで訪れたが、島前の知夫里島では大学の先輩の家に宿泊させていただいた。中学校の先生をしていらっしゃるのだ。休みの日、先輩に島前3つの島を案内していただき、知夫里島の赤壁と呼ばれる断崖絶壁や、西ノ島の摩天崖という海蝕崖をみてそのダイナミックさからＲＰＧの世界を思った。霧深い道中、放牧されている牛が急に現れた瞬間は驚きで大声が出たし、最後に中ノ島・海士町で食べた海鮮は涙が出そうなほど美味しかった。隠岐諸島を一通り巡れたのは先輩のおかげであり、それぞれの島の魅力を知れたことは本当に幸せだと思う。

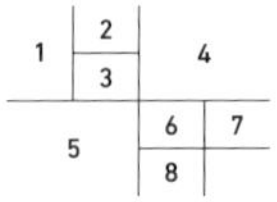

1 大橋川に日が沈む（松江市） 2 ビューン（美郷町） 3 原風景を感じるような（邑南町） 4 石州瓦と山並み（川本町） 5 田んぼに映る夕焼け（出雲市） 6 石見銀山と龍源寺間歩（大田市） 7 穏やかな川の流れ（雲南市） 8 朝の浜田駅前（浜田市）

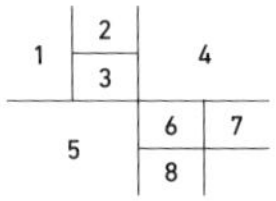

1 ダイナミックな赤壁（知夫村）2 放課後の時間（江津市）3 静かで懐かしい暮らし（吉賀町）4 石見銀山、大森地区の美しさ（大田市）5 またいつか会う日まで（海士町）6 見つけたコントラスト（益田市）7 霧の中から急に現れる（西ノ島町）8 水面に夏が映る（飯南町）

1 四国を繋いでくれてありがとう（玉野市）2 お寺で頂く朝食（西粟倉村）3 旧閑谷学校にて（備前市）4 美しい山奥の夏（西粟倉村）5 秋の冷え込んだ五重塔（総社市）

33

岡山県

OKAYAMA

はじめまして
わたしのふるさと

倉敷市に生まれ、この地で育つことを特に嫌うこともなく、大学進学で岡山県を離れるまで18年。それでも高校生の頃は大阪や神戸などの関西圏や東京に憧れを持ちながら、「大都会岡山」というネット上で流行った、他都市への羨望が自虐として込められた言葉にも、親近感が湧いて好きでいた。ほとんど行ったことのない津山や真庭といった県北では、冬の時期のニュースで県南では見られない雪景色が当たり前に広がっており、特に小・中学生の頃はまるで別世界の遠い場所のように感じていた。大学生になって、地元の友人と徐々に県内を開拓しはじめたけれど、やはり旅をして改めて、岡山県がどういう場所か、やっと少し掴めた気がする。

まず不思議だと思うことは、岡山市を主な中心に山陰、九州、関西、関東の起点を持っていること。鉄道や新幹線、高速道路の話だが、広島よりも山陰や四国にはアクセスしやすいと感じるし、関西圏の近さを考えてもバランスが取れている。そして、岡山県は比較的小さくまとまった県だ。市町村の数は全国平均以下であるし、県北と県南の距離、はたまた新庄村や西粟倉村といった小さな地域へ訪れることも、他都道府県ほどの遠さは感じない。県境に中国山地が連なっている中、それ以外には大きな山が少ない。平野部や高原が多く、暮らしの上で岡山県よりも更にとてつもない場所にあるまちは、日本中溢れていた。だから私にとって岡山の土地は、旅を経てグンと小さくなったのである。そういったことも踏まえて、私は岡山という土地が好きだ。冒険心くすぐる井倉洞、真庭市勝山のまちなみ、新庄村のがいせん桜、津山城跡から眺める津山のまち、西粟倉村の涼しい夏、奈義町の大イチョウ、美咲町の棚田…、県北だけでも様々な景色を新しく知った。県南も通過だけではなく、自分の意志を持って改めて訪れると今までとはまるで違う景色が見えた。気づけば岡山県全体が、一つの大きなふるさとに感じられる。

※現在は運航していません。

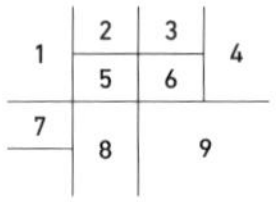

1 菩提寺の大イチョウ（奈義町）2 鶴山公園からの眺め（津山市）3 雨降るがいせん桜（新庄村）4 ベンガラの吹屋ふるさと村（高梁市）5 勝山のまちを歩く（真庭市）6 よいしょっ（鏡野町）7 駅近くの歩道橋（里庄町）8 穏やかな朝（矢掛町）9 美しい大垪和西の棚田（美咲町）

1	2	3	4	
	5	6	7	
9	10	11		8
		12	13	14

1 ちょうど12時（勝央町）2 商店街と光（浅口市）3 恐竜公園へ（笠岡市）4 爽やかな午後（赤磐市）5 狛亥が守る和氣神社（和気町）6 備前長船刀剣博物館にて（瀬戸内市）7 旅の途中にパン屋さん（美作市）8 誕生寺近くに（久米南町）9 小さな暮らし（早島町）10 原点（倉敷市）11 幻想的な井倉洞（新見市）12 小田川に沿って（井原市）13 通学の時間（吉備中央町）14 我らが桃太郎（岡山市）

34

HIROSHIMA

広島県

1 初夏を告げる囃子の音（北広島町）2 鞆の浦で出会った猫（福山市）3 何かを知る時（広島市）

今までの日々をよく噛み締めて

はじめての一人暮らし先が広島県東広島市。広島大学にやってきたときは右も左もわからず、目の前の日々に精一杯だった。一人暮らしの生活圏は狭く、下宿先と大学、たまにバイト先や友人の家を行き来する「ザ・大学生」だったことに間違いない。それでも自然に囲まれたキャンパスや田園風景が好きで、いつも散歩しながら写真を撮っていたことは、今に通じているのかもしれない。

まず、県北でよく見られる屋根が赤い石州瓦は、大好きな景色の一つ。安芸高田市や三次市を進んだときの田園と家々の景色は日本の原風景さながらである。庄原市で見た上野公園の桜も見事だった。さらに北広島町では「壬生の花田植」を見た。ユネスコの無形文化遺産にも登録されており、県北に初夏の訪れを告げる農耕行事。牛は豪華な飾りを身に着け、早乙女たちはテンポよく、演奏に合わせて手植えしていく。広島に住んでいても知らなかった景色や日常が身近に感じられると、いつも不思議な気持ちにさせられた。

瀬戸内海と広島は最高の組み合わせだと思う。「瀬戸内海」という島々が海に浮かぶ地形は、日本にはほとんどなかった。確かに、三陸海岸や三重県の伊勢志摩で見られるリアス式海岸は入り組んだ海岸線が特徴的だが、瀬戸内海はやはり「内海」なのだ。穏やかで、それぞれの島には暮らしがある。岡山で育ち、広島で暮らしていた者として、瀬戸内海の存在は当たり前のような感覚だったが、それは違った。広島では江田島や大崎上島、そしてしまなみ海道として連なる島々。改めて一つ一つの島がとても好きになった。坂町の展望台から見た広島市と瀬戸内海のまちなみも、よく覚えている。また東部の府中市を巡っているときは、使っていたカメラが故障したタイミングでもある。後から調べると、シャッターを18万回切っていた。旅の前からも使ってはいたのだが、旅で本当にたくさん写真を撮っていたことに、気づかされた。

合わせて23市町ある広島県だが、東西南北どこへ行っても、「広島らしさ」はしっかりとその土地に根付いていた。全ての旅が終わって広島に戻ってからは、牡蠣、お好み焼き、汁なし担々麺、全部が恋しくて、全部食べた。学生生活の間に、広島が第二のふるさとになっていたことに気づいて、よく噛み締めて食べた。

1	2	3	4
	5	6	
7	8	9	
	10		

1 穏やかな日々（三次市）2 港の外と内の違い（江田島市）3 車にまちが映る（安芸高田市）4 上野公園の桜が舞う（庄原市）5 音も響き渡るように輝く（大竹市）6 厳島神社とお参り（廿日市市）7 いつも通り（海田町）8 島のゆったりとした時間（大崎上島町）9 山奥の出会い。当時は98歳（東広島市）10 三段峡の美しさ（安芸太田町）

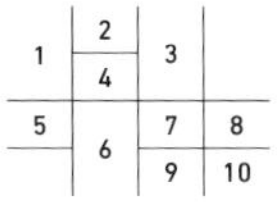

1 福塩線が進む（世羅町）2 懐かしい暮らし（神石高原町）3 折り重なる住宅街（呉市）4 夏の暑い日のこと（熊野町）5 春を告げる神明市とだるま（三原市）6 まちに夕日が差し込む（竹原市）7 上下のまちなみを歩く（府中市）8 お相撲さんと自分の手（尾道市）9 日本一人口の多い町（府中町）10 海の見える街（坂町）

私と家族と旅のこと

離島の旅と祖母の死

東京都の伊豆諸島、新島を巡っている時、母からＬＩＮＥがあった。「祖母が亡くなった」と。そして翌日に「お通夜がある」と。祖母の体調がギリギリであることは知っていた。祖母は山口市の病院で過ごしていて、数ヶ月前に山口の親戚のところへお伺いした際、一緒に面会にも行かせてもらっていた。だから覚悟はしていたが、このタイミングかと。全身に鳥肌がサーッと流れる。どうしよう、と一瞬頭が真っ白になったが、とにかくまずは旅を中断して帰らねばならない。その日に東京へ戻る船の出航までは残り1時間を切っていた。現在地は集落の反対側、目の前には美しいミルキーブルーの海。絶景を尻目にすぐさま借りていた自転車を全速力で漕いだ。宿へ戻り、荷物を回収して飛び出す。チェックインは済ませてお金も払っていたので、事情はあとで説明すればいい。そしてレンタル屋さんに自転車を返すとお店のお母さんがいたので「港まで送ってくれませんか」と頼み込んだ。普段ならそんなことを言えないだろうが、本当に焦っていると人は変わるらしい。お店のお母さんがタクシーのように飛ばしてくれたおかげで、ギリギリ船に間に合ったのだった。夜に東京へ着き、そのまま夜行バスに乗って実家の倉敷へ帰る。そして朝から家族を乗せて車で山口市へ向かった。両親は歳もあってあまり高速道路は運転できず、兄もほとんど運転をしないので、３００km全てわたしが運転する。そうして無事に辿り着き、なんとかお通夜と葬儀に参加することができた。

だが、ずっと悩ましい問題があった。お通夜の翌日、葬儀の日は、市町村一周で最難関といえる「御蔵島」へ行く日だった。御蔵島は新島と同じく東京の伊豆諸島の一つだが、船が欠航になりやすい。訪れる季節は11月下旬と冬が近づいており、特に海が荒れ出していた。ヘリコプターの手段があっても学生には金銭的に難しい。そしてそもそも、宿の予約がすこぶる取りにくかった。島の宿は数軒しかなく、野宿は禁止されており、日帰りもできない。だから限られた数軒で宿の予約を取るしかないのだが、予約は全く取れず、何度も電話して、かろうじて1日分だけ予約ができたのだった。それも1ヶ月前の話である。すなわち、1ヶ月前に御蔵島へ行く日がやっと決まり、その訪問日の船が運航するかどうかは、ひたすら運次第なのだ。仮に運よく訪問できたとしても、翌日の帰りの船が欠航してはいけない。新しい宿泊者がヘリでやってくるかもしれないからだ。だから、かろうじて取れた宿のオーナーさんにも、「もし船で来るのなら、2日連続で船が出そうなら、来ていいよ」と甲高い声で念を押されていた。ただこの日を逃せば、次に行けるチャンスはいつになるか全く分からない。宿は取り直しだし、冬になればなるほど海は荒れるし、春になれば社会人。そして夏の時期はドルフィンスイムが人気のため宿自体が「抽選制」となり、そもそも島へ行けるかどうかすら分からない。だから、正直最初で最後のチャンスに感じていた。その念願の訪問日に、祖母の死が重なった。

大好きな祖母の死と、個人的な旅、天秤にかけなくともどちらが大切かは一目瞭然だ。御蔵島行きは諦めていたが、一つだけ選択肢があることに気づく。葬儀が終わり、山口宇部空港から羽田空港行きの飛行機に間に合えば、夜に出発する御蔵島行きのフェリーに間に合うかもしれないと。それでもまず、最後まで祖母とお別れをしよう。葬儀の後、火葬場で祖母の骨を収骨し、無事ひと通りのお別れをさせてもらった。直前まで東京の離島にいて葬儀に立ち会えたこと自体、とてもありがたく感じられる。そして全てのお別れが終わった時刻は15時過ぎだった。

ここから急いで、山口宇部空港へ向かう。親戚のおじさんに頼んで、1時間ほどの道をわざわざ送ってもらった。「若い頃には旅をしなきゃねぇ」おじさんの言葉は温かい。フライトは17時40分。渋滞に巻き込まれることもなく、空港内で食事を済ませる余裕があるほどに、十分だった。おじさんありがとう。もう一度、東京へ飛ぶよ。

すっかり肌寒く感じられる東京の夜に、戻って来た。フェリーの発着する竹芝桟橋は旅のおかげで何度か利用したことがあり、行き方は慣れている。電車を乗り継ぎ、少し早足になりながら、ターミナルへ。

22時半の出航に、無事間に合った。なんだか振り出しに戻ったような感覚だ。どうやら船も、出航するらしい。全てにホッとして、船の中ですぐ眠りに落ちた。

早朝6時、まだぼんやりとした明るさの中、船は御蔵島へ。この日、船は無事に接岸した。下りて行くのは仕事の作業着を来た人ばかり。観光客らしき人物はわたしだけだ。そんなことはお構いなく、嬉しかった。港では宿の人が送迎をしてくれる。宿のオーナーさん、電話越しの甲高い声は、女性だと思っていたらおじさんだった。島を1日散策して写真を撮りつつ、島の急峻な地形や大自然に驚く。実際に歩いてみなければ分からない。そして翌日、雨ながらもなんとか船が接岸し、出航した。同じ時間帯でも、天気によって島の雰囲気はまるで異なっていた。祖母の死と重なりつつ、なんとか最難関の旅を終えた。

ちなみに船のこと。わたしが訪れた2日間は船が運航したが、訪れる前日も、島を離れた翌日も、あたりまえに船は欠航した。そもそも、2日連続で船が運航したタイミングは、わたしが訪れた2日間以外に、ここ2週間一度もなかった。結果的にわたしが訪れた日しか、無事に御蔵島へは行けなかった。最後に祖母の顔が、脳裏をよぎった。

初日の怪我

青色のスーパーカブに乗って、壮大な旅がはじまる。市町村一周へ向けて、出発の時だ。旅の初日、実家の倉敷市から親戚のいる山口市を目指した。旅の準備は整っている。2年かけてお金を貯め、旅のサイトをつくり、ルートも仕上がった。あとは、進むしかない。どんな日々がこれから待っているだろう。人との出会いがあり、暮らしを知り、たまにはトラブルもあり、土産話がいくつかできるだろう。2年の準備を経たあとの出発なのだから、一つ夢が叶ったような気持ちだった。転倒するまでは。

広島の山道を走っていると、後ろから黒塗りの車が近づいている。スーパーカブは法定速度で走ることができるが、無理してスピードを出す必要はない。安全運転だ。左側に寄って、速い車に譲ってあげよう。そうして車に抜かれた直後だった。右への緩やかな下りカーブ。そこで白線より内側に砂利が溢れていた。左側へ寄っていたため、砂利を避けきれずにカーブに入ってしまったのだ。前輪がスリップする。ハンドル操作がきかない。どうする、いや何もできない。そのままザーっと勢いよく滑りこけた。一瞬の出来事だった。気づけばかなりの衝撃だったが大丈夫、意識はある。生きている。後ろから車が来たら巻き込み事故になってしまうと急いで車体を起こし、安全な場所へ待避させた。

右膝を見ると、怪我防止で2枚はいているはずのズボンに穴が空いている。よく見ると、それ以上に半月板の内側の皮膚が、カルデラのようにごっそり無くなっていた。血と骨が見える。「しまった。やってしまった。」と思ったが、今日は旅の初日だ。夢のはじまりの日である。転けて、怪我をしたぐらいで立ち止まっていては、全ての市町村など巡れるはずがない。ペットボトルの水で傷口を洗い流し、タオルで思い切り縛って、旅を再開させた。その日の予定はまだ残り２００kmある。

走行するもやはり痛みが走り、途中見つけたドラッグストアで足を引きずりながら消毒液を買った。レジのお姉さんに「大丈夫ですか？」と心配してもらったが、「全然大丈夫です！」とこういう時だけ無駄に見栄を張ってしまう。そうして目的地の親戚のお家には予定より遅れながら、なんとか辿り着いた。

今夜は親戚の皆さんと外食だ。もちろん楽しみでいた。ただ足は引きずっており、「少しこけました」と伝えると、「サポーターを買うか」という話に。どんな怪我か、ということで傷口を見てもらうと、状況は雪崩方式に一変した。「病院だよ、病院！」急いで病院行きが決まる。夜間病院へ向かうと、傷が大きすぎてウチでは対処できないと断られた。もうひと回り大きな病院へ向かい、先生に診てもらう。ずいぶん若い先生だったが、事情を話すとめちゃくちゃに怒られた。「どうして救急車を呼ばなかったんだ」と。翌日には九州へ向かう予定だったのでその思いをやんわり伝えると、また怒られた。ごっそり開いた傷口を、麻酔無しでゴシゴシ洗ってもらう。「痛くないの？」と流石に心配してくれたが、「自分でやったことなので」と相変わらず虚勢を張った。わたしは状況が悪くなるばかりの現実を信じたくなかった。旅の初日の夜に、静かに病院の天井を眺める自分自身を、なかなか受け入れられなかった。

翌日になると、まともに歩けない。旅は中断し、精密検査を受け、どのような診断が下されるか待った。看護師さんには状況によって右足を諦めることになるとも言われた。そして告げられた全治3ヶ月は、良いような悪いような、そんなショックである。

親には怪我のことをすぐに言えなかった。怪我をしたと話せば「旅なんてやめなさい！」と言われるに決まっている。母は特に過保護である。親戚の方はわたしの気持ちを汲んでくれて、怪我のことをそっと黙ってくれていた。旅を応援してくれる友人たちにも言えなかった。「市町村を全て回ります！」という大胆な宣言をして、初日に大怪我をしたなんて情けなくて、恥ずかしい。「楽しんでこいよ！」「怪我すんなよ！」と掛けてもらった温かな言葉が余計に苦しかった。だから一週間ほど、親にも友人にも「スーパーカブが故障した」と嘘をついた。派手な転倒でスーパーカブも勢いよく倒れたが、右のミラーが割れただけで、ほかは故障無し。ミラーなんて６００円で直ってしまった。なんて頑丈なのだろう。逆に安心できる。一方のわたしは、という話である。

一週間ほど経ち、病院の先生から「実家近くの病院で診てもらいなさい」と伝えられた。簡単に治るわけではない怪我を、親戚の方にずっとお世話になりながら、というのはいかがなものかと。その通りである。旅が終わるかもしれないと思ったが、少し間をおいて、母に電話した。「怪我をしたから戻る」と伝え、「戻って来なさい」と優しく言われた。怪我をした事実、素直になれなかった自分自身が情けなくて静かに泣いた。

実家へ戻り、病院に通いながら日々を過ごした。カブにはまだ乗れないが、行けるところは巡りたいと電車で香川へ行き、父の車を運転して県北へ訪れた。今思えばどちらもかなり無茶である。そして暫くして、次の診察が1ヶ月後で良いという話になった。経過観察だ。膝の状態は微妙だったが、やはりこのタイミングで旅を進めたいという気持ちが込み上げた。医者の先生に頭を下げて旅に出る許しを請い、親には「やめておきなさい」と言われたが、今日に至るまでの過程から、わたしの気持ちも理解してくれていた。

まずは1ヶ月、旅を再開させる。カブを置いていた山口へ戻り、久しぶりにエンジンをかける。服装もズボン2枚ではダメだからと、全身防具を纏ったキャッチャーのような格好で。カブに座り、膝を曲げた状態はまだ痛くて、再開直後は5分に一度カブを止めながらの旅路であった。それでも少しずつ旅を進め、1ヶ月後は鹿児島にいたので新幹線で帰って診察してもらう。毎日膿んだ傷口のガーゼを交換して、少しずつ傷口は小さくなっていた。さらに1ヶ月後、高知の室戸岬でキャンプをしたとき、傷口が閉じていることに気づいた。その数日後にカブで倉敷へ戻り、診察してもらうと「もう病院に来なくて大丈夫だよ」と。この言葉をもらえるまで、とても長かった。長かったけれど、ありがたかった。親戚の方や両親に迷惑をかけながら、こうして旅をさせてもらっていることは本当にとにかくありがたかった。

どうして初日に怪我をしたのだろう。その答えは分からないが、初日に怪我をしてよかった、そう断言できる。体が元気であること、旅ができることのありがたさが身に沁みた。市町村巡りはいずれにせよ簡単ではない。気が遠くなるような日々の中で、「初日に怪我をしたのだから、終わらなくても仕方ないよ」という割り切りは、ずいぶん心を軽くしてくれた。ハートも少なからず強くなっただろう。そして初日に怪我をした旅人は、やはり他にいなかった。気づけば笑い話として、会話に花を咲かせるタネとなる。北海道で一緒になった自転車日本一周の方が、「2日目に自転車が壊れたんだ！」と熱く語ってくれた。「2日目だぜ！？」とどこか嬉しそうに。言うべきかどうか、そもそも競う話でもないのだが、「自分は初日にやってしまいました」というと随分目を丸くしてもらったのだ。「2日目じゃダメなのか」と彼は下を向いたがいいや、初日も2日目も、ダメである。その方とは今でも連絡を取り合う仲になった。

初日の怪我以降、幸い事故に遭っていない。それだけでも本当に何よりである。ちなみに初日に大怪我をしたのだから、最後に訪れた屋久島でも何かが起きるのではないかと怯えていた。レンタカーを借りての散策だったが、やはりやってしまった。カフェへの駐車で壁に車を擦ってしまったのだ。「あぁ」と切ない気持ち。過ぎてしまった事は仕方ない、恐る恐るレンタカー屋さん謝りにいくと、お店の優しいおばさんは「1万円で大丈夫だよ」と。「1万円でいいんですか！」思い浮かべるのは初日の怪我。初日の怪我との対比を、1万で済まさせてもらえるのならありがたいと、不思議な視点で嬉々としてお金を払った。

安全運転には、いつだって気をつけよう。

古民家で暮らす

市町村一周の旅で大学を1年休学する間、元々借りていたアパートは退去した。一度目の旅が終わり、復学のタイミングで広島に戻ることになったが、住む家をどうしようと。もう一度大学近くの部屋を借りる選択肢もあったけれど、旅が完全に終わっているわけでもなく、何か違う気がしていた。そんなタイミングで紹介してもらったのが、古民家シェアハウスだ。大学から山を越え、15㎞ほど離れている田舎のお家。スーパーカブだとゆっくり40分ほどかかる距離。この静かな土地で旅の準備をしながら、個性豊かな田舎暮らしをさせてもらった。

古民家は築１１９年になる。知り合いの方がシェアハウスにするために改装した平屋で、小部屋は3つ。すなわち最大3人暮らし。大学の先輩後輩と、それぞれ留学や就職に向けて過ごしつつ、みんなで家を守った。

家のトラブルはもちろん起きる。電気がつかなくなったり、玄関にハチの巣ができたり、カメムシとどう戦おう、であったり。でも大丈夫、ここでの暮らしは一人じゃない。みんなであれこれやってみて、挑戦してみる。田舎でのシェアハウスは、お互いの助け合いが肝要であり、家族のように過ごす日々だった。それでもまだ困ったときは、おじいさんとおばあさんが住むお隣さんの出番だ。お隣さんは本当にすごい。なんでもやってくれる。みんなで「家の前に野菜を作ろう」という話になって畑ができ、「何を植えようか」と盛り上がっていた。翌日、お隣さんがおはよう〜とやってきて「畑ができてたからトマト植えといたよ」と言われてびっくり。畑の存在を知って、野菜を植えてくれるお隣さんがこの世の中にはいるのか、という具合になんでもやってくれる。お隣さんは幾度となく助けてくれて、見返りを一切求めなかった。一度お礼の品を持って行ったことがあるが、そのときばかりは本気で怒られた。「お礼をもらうために、助けるんじゃないの！」本当の優しさである。玄関でお隣さんに「こんにちは」と挨拶し、とりとめのない会話で笑い合う、何の変哲も無い日常は穏やかさそのものであり、それだけでもここで暮

玄関から出てすぐの星空

地域のみなさんと味噌の仕込み

友だちが遊びに来てくれた夏

古民家が真っ白に染まる冬

らす意義を感じていた。

自然は堪らなく美しい。6月は家のそばに蛍が飛び、夏の水田には緑の絨毯が一面に広がり、冬は何度か雪化粧する。そして晴れた日の星空は最高の贅沢だった。

また小さな地区だと行事も多い。春は集落一面にピンクの芝桜が咲く。それを住人たち総出で手入れする。運動会は小学生のみならず大人も全員参加だ。わたしはストラックアウトに挑戦して全球外した。新年を迎えればとんど焼き。無病息災を祈りつつ地区のみなさんとあれこれ積もった話をする。行事以外にも、地域の方に色々と誘ってもらった。一緒にバーベキューをしたり、そうめん流しをしたり、味噌の仕込みをしたり。

旅をする中で、人とのつながりがどれだけ幸せなことか、つくづく感じていた。田舎で暮らすことだけが素晴らしいなんて言うつもりはない。都会で人とつながるもよし、田舎で人とつながるもよしだろう。そうやって人とつながりながら暮らすというありがたい日々が、ただここにはあったのだ。要は「暮らす」ということである。だからむしろ、旅の準備をしながら旅は続いているようであった。秋から冬にかけて家を離れ、最後の旅にチャレンジしたが、その間も「帰る場所がある」という思いはわたしをそっと支えてくれた。この土地は、わたしにとっての新しいふるさととなった。

6月には蛍が飛び交う

35

YAMAGUCHI

山口県

1 笠戸島で流れる時間（下松市）2 菜香亭で仲良くなった（山口市）3 カルストロードは快晴（美祢市）4 清々しい防府天満宮（防府市）

挫折は出会いが助けてくれた

山口県は私にとって恩人のような場所だ。旅の初日に怪我をして、親戚の方にしばらくの間お世話になっていたのが山口県山口市。出発直後に頓挫してしまった旅路、山口市の親戚には本当に頭が上がらない。一番辛い時、明るくいつも通りに振舞ってくれた。再び旅の舵を切れたのは、99.9%、親戚のおかげだ。怪我から1週間、どこかでサイトの更新をしたくて、大学の先輩のいる下関市へ電車で向かい、車で唐戸市場や角島へ案内していただいた。もちろん怪我した右足は痛くて引きずり回していたが、先輩と食べた唐戸市場のお寿司の味は、どこか救われる美味しさだった。大学の他の先輩にも防府天満宮を案内していただき、いろいろな話をさせてもらってやっぱり心が救われた。1年半後、怪我が治って再び訪れてからも山口では人との出会いに恵まれた。宇部市で再会した大学の同級生は教員1年目、離れた地で前に進む友人の話は自分にとってもエネルギーになった。阿武町で宿泊させてもらったゲストハウスではオーナーさんに優しくしていただき、地元のお祭りを一緒に観に行った。阿武町を離れるまでに同級生と新たに知り合ったり、他県の友人と偶然再会したりして、色んな縁と恩が、旅を通して繋がっていることに気づかされた。

印象深い場所も多い。長門市の元乃隅神社は朱色の鳥居が神秘的に並んでいる神社。目の前の日本海と鳥居のコントラストは素晴らしく、駐車場も急ピッチで整備されていた。美祢市の秋吉台に広がる日本最大級のカルスト台地は、原付で進むと爽やかな草原に散らばる石灰岩が、悠久の地球の歴史とその美しさを同時に教えてくれる。周南市の沿岸部は打って変わって大規模なコンビナートが並び、上関町は山口県の最南端の突き出したような地形の先にあることを知って驚いた。周防大島は名前の通り大きな島で、まだまだ巡りきれたとは思っていないけれど、海辺で出会ったおじいちゃんがタバコを吸いながら世間を達観していたのは、どことなく不思議だった。小さな和木町の雰囲気は独特だったし、岩国市の錦帯橋は有名な場所だが旅をはじめて辿り着くまでに1年半もかかった。

山口県では様々な出会いに助けられて、今がある。挫折はしたが、孤独ではなかった。いつかこの恩を返しに行きたい。

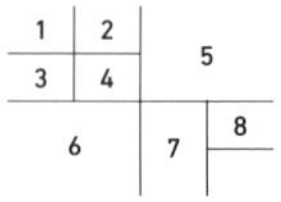

1 日本三名橋、錦帯橋（岩国市）2 唐戸市場で絶品の味（下関市）3 小さな暮らし（田布施町）4 お世話になった素敵なご夫婦（阿武町）5 海のそばに鳥居が並ぶ（長門市）6 憎めない可愛さ（宇部市）7 春の小道（山口市）8 懐かしい白壁のまち（柳井市）

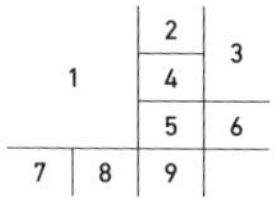

1 橋を渡れば暮らしがある（下関市） 2 萩の美しい町並みを歩いて（萩市） 3 港町の香り（上関町） 4 小さな町の穏やかな日々（和木町） 5 伊藤公記念公園にて（光市） 6 きららビーチで並ぶ影（山陽小野田市） 7 海が近い景色（平生町） 8 今日がはじまる（周南市） 9 旅をしろよ若者（周防大島町）

36

徳島県

TOKUSHIMA

1 四国最東端、蒲生田岬へ（阿南市）2 藍の館で知る美しい藍染（藍住町）3 大鳴門橋と渦のうねり（鳴門市）

美しい自然がそばにあること

徳島県を振り返ると、山と海が近く、川が美しい。高知県室戸市から国道55号に沿って進むと爽やかな山道と海の開けた景色が繰り返され、吉野川をはじめ那賀川や勝浦川の美しい川の流れとその流域に広がる家並みは心が落ち着き、徳島での暮らしが素直に羨ましく感じられた。

牟岐町では出羽島という小さな島へ訪れた。定期船で15分、島民は約70人で、守られてきた伝統あるまちなみは重要伝統的建造物群保存地区に選定されている。出羽島で流れる、ゆったりとした時間は心の原風景を映し出すようで、鳥のさえずりや風の音を聴けば音楽をかける必要もない。美波町の薬王寺は四国霊場二十三番、厄除けのお寺として知られている。「厄坂」と呼ばれる石段には厄除けとして一段ずつ一円玉が置かれており、石段を登った先で眺めた海とまちなみの景色は忘れ難い美しさだった。上勝町は「日本で最も美しい村」連合の一つ。町の中心部にも澄んだ勝浦川が流れ、深い渓谷の織り成す自然美と暮らしには徳島らしさの真髄を見た。

吉野川流域の地域へ出れば雰囲気はまた新しく変わる。阿波の土柱は世界三大土柱と呼ばれる奇観だが、全国でもやはり見かけない不思議な景色だった。石井町、上板町などを訪れる際には吉野川を往復したが、橋を渡る度に美しいエメラルドグリーンの川が眩しく、吉野川が大好きになった。藍住町では藍の館で藍染め体験をした。選んだ染めの模様に合わせて絞りを施し、藍の液に浸けて乾かす工程を繰り返す。そして天日干しすれば、深い藍色に染まったハンカチが出来上がって嬉しかった。吉野川流域と言えば阿波踊りが有名だが、藍の栽培も歴史として大きく繋がっているとあわせて知った。美馬市やつるぎ町では「うだつの町並み」が残っている。かつて町家の両端の屋根に設けられた漆喰塗りの防火壁のことで、うだつが上がった情緒漂うまちなみは小雨降る中でも気品に溢れていた。

三好市の秘境、祖谷は日本三大秘境の一つ。渓谷を走りに走ってようやく辿り着いた。渓谷の間を結ぶ有名なかずら橋はサルナシで作られたもので、橋と大自然の景観は抜群に素晴らしかった。奥深い地で人と自然が長い年月暮らしてきたことを思いつつ、徳島県の旅を終えたのだった。

1 いつもの通学路（佐那河内村） 2 出羽島の美しい時間（牟岐町） 3 山を越えてまちを眺める（吉野川市） 4 一円玉に思いを込めて（美波町）

1 2
3 4 5
6

1 六条大橋と美しい吉野川（上板町） 2 深いコクの徳島ラーメン（小松島市） 3 海沿いの国道55号（海陽町） 4 うだつの町並みの朝（美馬市） 5 うだつが二層になって（つるぎ町） 6 穏やかな暮らし（勝浦町）

1 ロープーウェイに乗って太龍寺へ（那賀町）2 町の中心部は渓谷に来たかのよう（上勝町）3 立派な総合庁舎（北島町）4 徳島大学の近くにて（徳島市）

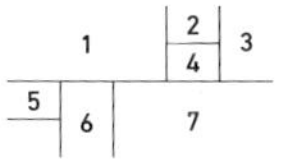

1 たくさん天日干ししてあった（神山町）2 素晴らしい加茂の大クス（東みよし町）3 青空と踏切（石井町）4 不思議な阿波の土柱（阿波市）5 気持ちの良い月見ヶ丘海浜公園（松茂町）6 ゆるやかな上り坂（板野町）7 秘境に佇むかずら橋（三好市）

37

香川県

KAGAWA

小さな日々の美しい奥深さ

岡山県出身の私にとって香川県は、テレビで岡山・香川のニュースが一緒になって放送されるため、小さな頃から身近な存在だった。香川県は、確かに日本で一番面積の小さな都道府県だが、私にとって香川県はとても広い。瀬戸内海には数々の有人島が浮かんでいる。どの島もフェリーで気軽に渡れる近さでありつつ、近年の瀬戸内国際芸術祭に代表されるように、一つ一つの島に特徴があり、それぞれの暮らしがある。旅の中では小豆島へ原付と一緒に上陸したが、一周にはそれなりの距離があり、アップダウンも多い。陸地へ進めば棚田も広がっている。それでもやはり穏やかな海沿いを走れば爽快で、海と山が近い地形に瀬戸内らしさを感じられた。

クラウドファンディングのリターンとして訪れた観音寺市と三豊市には、それぞれ思い出がある。観音寺市から支援していただいた方は同い年で、観音寺市内の地域活性化を目指していた。「地域を元気にする」という言葉は口にはできても、実行は簡単ではない。それを実現するため前へ進む彼に、心動かされた。三豊市では津嶋神社の夏季例大祭へ誘われた。本殿がある津島と対岸とは約２５０ｍ離れており普段は通行できないものの、お祭りのある毎年8月4日と5日の2日間だけ、橋が架けられる。最寄りの「津島ノ宮駅」がお祭りに合わせて一年でこの2日間だけ開くことも特徴で、地域のお祭りではあるものの、夜には花火が打ち上がり、風光明媚な瀬戸内海の景色を背景に開かれる島開きはとても新鮮だった。

丸亀城から眺めるまちなみは美しく、坂出から眺める瀬戸大橋と海のコントラストは素晴らしい。東かがわ市にあるレトロな引田のまちなみも味わい深い。「こんぴらさん」の呼び名で親しまれている金刀比羅宮は、長い長い階段が険しく、人生を振り返りたくなってしまうほどだが、登り切った後は爽快だ。

そしていつも思うのだが、香川県を巡る中で小さな富士山のような、おむすびの形の山々を見つけると、「香川にやって来たなあ」という気持ちになる。結局、あの山は何なのだろう。このような地形の場所は全国どこへ行ってもなかったように思う。香川には香川らしさがあるのだよと、教えてくれているのだろうか。

1 亀山公園から眺めるまちなみ（丸亀市）2 ひっそりとうどん屋さん（まんのう町）3 春を告げるこんぴら歌舞伎のお練り（琴平町）4 何杯でも食べたい（さぬき市）

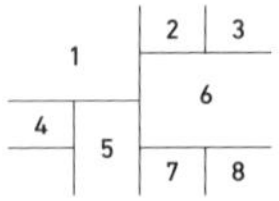

1 こんぴらさんをまったり巡る（琴平町） 2 朝の凪いだ小豆島の海（土庄町） 3 津嶋さんの島開き（三豊市） 4 港町の懐かしさ（多度津町） 5 万華鏡の世界（三木町） 6 透き通った瀬戸大橋の朝（坂出市） 7 海だ！（宇多津町） 8 同級生行きつけの柳川製麺所さん（観音寺市）

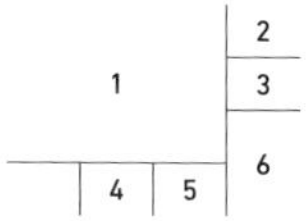

1 樹齢千年のオリーブ大樹（小豆島町）2 引田のレトロな時間（東かがわ市）3 覗けば港町（直島町）4 学問の神様、滝宮天満宮（綾川町）5 総本山善通寺にずらりと並ぶ（善通寺市）6 まちはゆっくり今日を終える（高松市）

38

愛媛県

EHIME

1石鎚神社にはお遍路さんも（西条市）2ジョギングの時間（松前町）3朝日を走る伊予鉄道（東温市）4藤堂高虎と今治城（今治市）

東西南北の出会いと巡り合わせ

四国で最大の人口を有する愛媛県。東西と南北それぞれ端を結ぶ距離は１５０㎞を超えており、原付で巡るのは簡単ではなかった。しかし、地域によって異なる情景は大変面白く、巡るほどに愛媛県の文字通り、愛顔（えがお）になれたのだった。

四国中央市は名前の通り四国の真ん中に位置するまち。製紙、紙加工業において日本屈指の生産量を誇り、朝焼けの展望台から眺める工業地帯はまちの活気を感じられた。サイクリストの聖地と呼ばれるしまなみ海道は、原付でのドライブも最高だ。瀬戸内海に浮かぶ島々を横目に、風を感じながら美しい橋を進む瞬間は本当に気持ち良かった。

そして広島県の尾道の因島から船で上島町へ向かった。7つの有人島と18の無人島で構成される上島町。因島の土生港から上島町の立石港まで、所要時間は5分ほど。普通の船では車や自転車を降りて座席に座るけれど、誰も離れずに到着を待っている光景も新しい。色とりどりの屋根の色、入り組んだ路地、瀬戸内らしい島々を望む海岸線と透明な海、上島町で広がる穏やかな暮らしは知らなかった愛媛県の魅力を教えてくれた。松山市のまちなみ、そして松山城は本当に素晴らしい。歩けば歩くほどここで暮らす方々が羨ましくなる。松山にいる大学の先輩と頂いた鯛めしは美味しさで左右両方のほっぺたが落ちてしまった。伊予の小京都、大洲市の懐かしいまちなみは大好きだ。小さな城下町や昭和の空気を残したポコペン横丁、風情溢れる建物が並ぶ。出会ったお母さんとお子さんの写真がとても好きだったけれど、西日本豪雨で発生した大洲市の被害のニュースを見て心配だった。だが、後日連絡をいただき、ご家族は無事で、実はお腹の中にいたお二人目の子供が無事に生まれたと聞いて、ホッと嬉しかった。

宇和島市で泊まった「遍路宿」は特別だ。ご主人の優しいオーラが独特で、お遍路の長い歴史やお接待の文化が肌で伝わってきて、衝撃に近い不思議な体験だった。愛南町は愛媛県最南端のまち。日本に唯一現存する幻の戦闘機「紫電改」は恒久平和を願うシンボルとして展示館に保存されている。旅の中でいくつかの戦闘機を見る機会はあったが、全国のどこであれ、平和を望む思いはこうして後世へ語り継がれていることを忘れてはならない。

<table>
<tr><td rowspan="2">1</td><td>2</td><td rowspan="2" colspan="2">4</td></tr>
<tr><td>3</td></tr>
<tr><td rowspan="2">5</td><td>6</td><td>7</td><td>8</td></tr>
<tr><td>9</td><td>10</td><td></td></tr>
</table>

1 具定展望台の近くから（四国中央市）2 海の見える下灘駅（伊予市）3 宇和島城を守るおっちゃん（宇和島市）4 どうかしましたか王子（大洲市）5 色とりどりの屋根（上島町）6 静かな卯之町の町並み（西予市）7 山道を進んで行く（砥部町）8 山と海の近い暮らし（伊方町）9 別府からフェリーに乗って（八幡浜市）10 穏やかな時間の流れ（鬼北町）

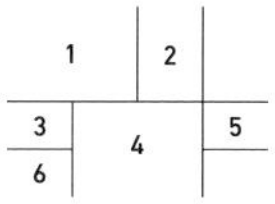

1 街を歩けば心が躍る（松山市）2 山と暮らす日常（久万高原町）3 松丸駅前の昔のまちなみ（松野町）4 透き通った午前7時（新居浜市）5 ふらっといかがですか（内子町）6 紫電改展示館で知る歴史（愛南町）

39

高知県

KOCHI

1 自然と調和するまちなみ（梼原町） 2 雨でも美しい砂浜美術館（黒潮町） 3 ゆずの王国らしさ（馬路村） 4 沈下橋に流れる静かな音（四万十市）

自然美の答えを目の当たりにした

東西に長く、日本でも有数の自然美を誇る高知県。険しい山々に囲まれる豊かな緑、美しい清流、壮大な太平洋の海。山から海までひとつひとつが素晴らしく、今まで高知県の魅力を知らずにいた自分を少なからず悔いた。

土佐清水市の足摺岬は四国最南端の地、一歩足を引きたくなるほどの断崖絶壁と雄大な水平線はまさに大自然そのもの。展望台では「真ん中で叫ぶと音が共鳴するので誰か叫びませんか」と団体ツアーのガイドさん。恥ずかしがって誰もやらないので、私が真ん中で「日本の市町村全部回るぞ〜！」と叫んだ。その時はまだ、1割も巡れていなかったが、有言実行できたことを思うと不思議な体験だ。

四万十川の美しい流れはもちろん、晴れた日の仁淀ブルーは心から感動した。集落の中でも轟音を立てながら流れる川の光景は迫力満点で、「仁淀ブルー」と一括りにはするものの、何色にも形容しがたいその美しさはあまりに神秘的だった。仁淀川町の中津渓谷、いの町のにこ淵、越知町の浅尾沈下橋、神秘的な川が生み出す眩しいほどの世界はこの世の桃源郷のようである。大川村は日本の離島を除き、最も人口の少ない村。４００人足らずの小さな秘境は、地図では高知市から近くとも、山を越えながら細い道をひたすら進まないと辿り着けない。この先に集落があるのかと久しぶりに不安になった。それでも、到着すると集落や役場であたりまえに人が出入りし、あたりまえの暮らしが流れており、まだまだ知らない日本があることを教えてくれた。

南国市では原付がパンクしてしまい、地図で探したバイク屋さんに修理してもらった。店主のおっちゃんから飛び出す土佐弁が新鮮で、一緒に会話をしながらトラブルも悪くないと思ってしまった。「いい代物を装備しておいたから」と最後に言い残してくれたが、おかげでそれ以降パンクはしていない。馬路村はゆずの村として全国的にも有名だが、訪れた早朝の静かな集落が好きでファンになってしまい、旅を終えて特別村民にも申し込んだ。そして高知市では「かつおゲストハウス」という私のあだ名そのものの宿にお世話になった。女将さんの明るい雰囲気は大好きで、室内に点在するカツオのグッズには愛着しか感じられなかった。二度も宿泊させていただき、お世話になった女将さんには本当に頭が上がらない思いだ。

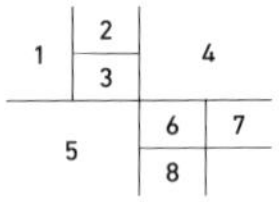

1 海の澄んだ柏島と暮らし（大月町）2 かっぱ市で差し入れを頂いた（芸西村）3 打井川にはかっぱが住んでいる（四万十町）4 遍路ころがしを越えて、神峯寺（安田町）5 ラグビーで女将さんのガッツポーズ（高知市）6 黄色が空に輝く（日高村）7　四国のいのち、早明浦ダムにて（土佐町）8 迫力満点の雨竜の滝（仁淀川町）

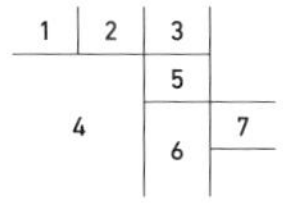

1. 心洗われる川の流れ（津野町）2 道の駅、田野駅屋とバス停（田野町）3 安田川と釣り人（北川村）4 長い階段を登れば青龍寺（土佐市）5 いろんな貝殻（土佐清水市）6 ようやく辿り着いた最奥の朝（大川村）7 静かに雨が降る（三原村）

1 お茶屋さんで何にしよう（本山町） 2 立派な大杉のある暮らし（大豊町） 3 明治につくられた野良時計（安芸市） 4 ふと見つけたカメラ（宿毛市） 5 海が近い道の駅やす（香南市） 6 神聖かつ神秘的なにこ淵（いの町） 7 日本三大鍾乳洞、龍河洞（香美市） 8 パンクを直してくれたおっちゃん（南国市）

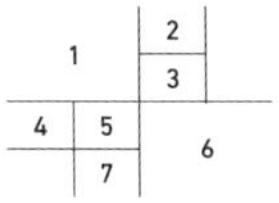

1 暮らしと共にある浅尾沈下橋（越知町）2 海から参道が続く鳴無神社（須崎市）3 室戸岬の奇岩と太平洋（室戸市）4 懐かしい路地の先に町役場（奈半利町）5 鰹に感謝、久礼大正町市場にて（中土佐町）6 サーファーさんだ（東洋町）7 のんびり町を歩きながら（佐川町）

40

福岡県

FUKUOKA

1 やや怒り気味の猫さん（糸田町） 2 清水寺本坊庭園を歩く（みやま市） 3 子供に追われて屋根へ 宇美八幡宮（宇美町） 4 そして街に溶け込む（太宰府市）

60のふるさとを駆け抜けよう

とにかく福岡県は市町村の数が多い。60の市町村全てを巡る覚悟を決めるには少し時間が必要だ。だからこそ、巡れば巡るほど沼にハマるようにして福岡県がいかに面白い場所かも分かってくる。

まず筑豊地方はかつて日本一の出炭量を誇った筑豊炭田があり、その繁栄と衰退は日本の歴史にとって重要なものだ。教科書で習ったことはあっても、実際に訪れて風土を肌で感じ、まちなみを知ると、教科書の何倍ものメッセージが入ってくる。そして改めて現地の記念館や博物館を訪問すれば、今までの知識と旅で知った史実がジグソーパズルのように結びつき、その土地の歴史を、頭と心で理解できる。

次に、福岡市から少し郊外にある春日市や大野城市、太宰府市や筑紫野市、そして糟屋郡の町々の住みやすさを感じた。福岡市へのアクセスも良く、住宅地が広がっていれば、太宰府天満宮のような観光地もある。きっとこれからも福岡を支えていくのだろう。新宮町のスターバックスでは、小学校低学年ほどの女の子が一人で飲み物を注文して優雅に読書をしていた。私は旅を続けて最近やっと、まともに注文できるようになったばかりなのに。

また、朝倉市や東峰村で見た２０１７年7月九州北部豪雨の傷跡も覚えている。特に東峰村は「日本で最も美しい村」連合に加盟している美しい景観の広がる村。豪雨被害に遭い、すでに2年経っているにもかかわらず、訪れた際は何台もの復興支援の大きなダンプカーが往来を続けていた。見事な石積みの景観を垣間見ることもできれば、土砂が剥き出しになった場所も残っている。全国各地で災害が発生する中、報道が少なくなろうとも、色んな場所で復興を目指している方々がいることを絶対に忘れてはいけない。

筑前町立の大刀洗平和記念館も記憶に刻まれた。旧陸軍の飛行場があった土地で、戦時中に空を駆け回った戦闘機や、間も無く特攻に出る若者たちの手紙、遺品などが展示されている。鹿児島の知覧や茨城の阿見に同様の施設があるが、戦争の歴史を繰り返してはならないことは、足を運ぶだけで分かる。

正直、博多や天神など福岡県で一番栄えているエリアの方が知識が足りなくて、今でも上京したての大学生のように右に左に行ったり来たりしてしまう。これは、60の市町村を巡った代償だろうか。いつかはもつ鍋やラーメン、美味しいグルメを巡ってお腹いっぱいになりたい。

<table>
<tr><td rowspan="2">1</td><td>2</td><td rowspan="2" colspan="2">4</td></tr>
<tr><td>3</td></tr>
<tr><td>5</td><td>6</td><td rowspan="2">7</td><td>8</td></tr>
<tr><td>9</td><td>10</td><td></td></tr>
</table>

1 日本一の大注連縄、宮地嶽神社（福津市） 2 歴史と今が折り重なる（うきは市） 3 道の駅にてきのこ（大木町） 4 芥屋の大門近く（糸島市） 5 からくり時計が音を立て（飯塚市） 6 静かな岡湊神社へ（芦屋町） 7 河川敷をジョギング（遠賀町） 8 色のみで表す唯一の村（赤村） 9 水田天満宮の末社、恋木神社におじさんと猫（筑後市） 10 鉄道の名残が残る公園（志免町）

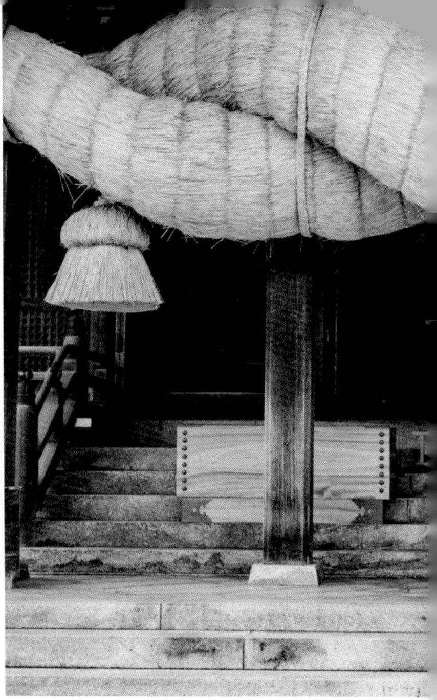

1 地元の方の憩いの場（粕屋町）2 世界文化遺産、宮原坑にて（大牟田市）3 花公園に一面のコスモス（大任町）4 まちの人の温かさ（大川市）5 水に浸かって千仏鍾乳洞を進む（北九州市）6 下大利から天神へ進む（大野城市）7 道の駅の朝は早い（嘉麻市）

1 がたん、ごとん（鞍手町） 2 大好きな八女茶が絨毯となって（八女市） 3 とまれに止まって（川崎町） 4 赤煉瓦のカトリック今村天主堂（大刀洗町）

1		2	3
		4	
5	6	7	8
	9	10	11

1 この後一緒に混ぜてもらった（上毛町）**2** 穏やかな住宅街を進む（岡垣町）**3** 雨上がりのまちを歩く（春日市）**4** ジブリのようなトンネル（篠栗町）**5** もうすぐバスの時間（小竹町）**6** 交通安全の期間（古賀市）**7** 不思議な王塚装飾古墳館のレプリカ（桂川町）**8** 石橋文化センターへ（久留米市）**9** リンゴ剥くからさ（大野城市）**10** かえるがいっぱい、如意輪寺（小郡市）**11** 時代はそのままに（宮若市）

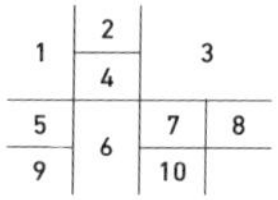

1 産業革命を支えたポンプ室（中間市）2 天拝山を登り（筑紫野市）3 山と暮らし（須恵町）4 大刀洗平和記念館内、世界唯一の零戦32型（筑前町）5 石炭・歴史博物館で学ぶ（田川市）6 駅前に大関魁皇の像（直方市）7 マンションや家が並ぶ景色（新宮町）8 新鮮なのちょうだい（福智町）9 石積みの景観の美しさ（東峰村）10 賑やかな歓遊舎ひこさん（添田町）

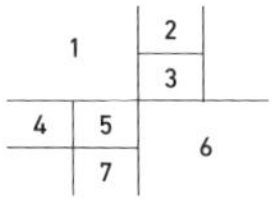

1 日が延びたと感じ始めた5月（久山町）2 雨上がりの朝（広川町）3 八幡古表神社に差す光（吉富町）4 こちらこそお邪魔します（豊前市）5 山を進めば不思議な神籠石（行橋市）6 旧蔵内邸につるし雛（築上町）7 静寂と香春神社（香春町）

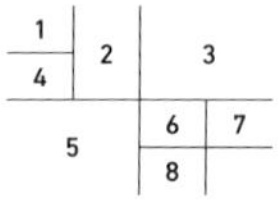

1 町の暮らしを歩く（苅田町）2 土砂降りの宗像大社（宗像市）3 秋月城跡に木造校舎（朝倉市）4 順番待ちの時間（水巻町）5 船からよじ登り、飛び降りる（柳川市）6 ゆっくりした日常（那珂川市）7 よく迷う博多の街（福岡市）8 小さく輝く（みやこ町）

最初の旅 東広島

市町村一周という名目の場合、ひとつのまちを、こと細かに巡れるわけではない。「このまちのここに、どうして行っていないんだ」や、「観光地のここに、来て欲しかったぁ」などちょくちょく言われたりする。「そうか〜！」と心の声は口に出さないが、その気持ちはわたしだって分かる。広島大学の位置する東広島市には、合わせて47の地域がある。南は温暖な瀬戸内海の気候が広がり、北は雪も積もりやすい不思議な市だ。市町村一周の旅をはじめる前に、これらの47の地域を全て巡り、全てのまちで写真を撮って写真集を作った。全国のことどころか、いま自分が住んでいるまちのことも何も知らないと思ったからだ。市役所の方に相談した時に「そんなの無理だよ」とおじさんに言われたことは鮮明に覚えている。実際に、スーパーカブで47の地域を巡るのに1ヶ月半かかった。１７４１市町村の中でたった1つにしか数えられない場所も、深く掘ればまるで違う暮らしや文化が広がっている。まちのことをつらつらと話すだけなら簡単であるが、それだけではまちのことを「知っている」とは言えないと思った。それは、どのまちで暮らす上でもきっと当てはまることであろう。ひとつのまちでも、地域によっていろいろある。合併したまちも多いだろう。かつては３０００を超える市町村が日本にはあったのだから、違っていて当然でもある。

市町村一周をはじめる直前に行った小さな旅だったが、大変意義のある旅だった。写真集はわたしのサイトで販売していたが、広島蔦屋書店さんのリトルプレスコーナーに声をかけていただき、初めて店頭で自分の写真集を見た。自分の本が、店頭に並んでいる。とても大きな感動だった。

ひとつのまちを巡るだけでこれほど大変なのに、それを日本全ての市町村でやるのか、と思った時は、底知れない不安に押しつぶされたのも事実である。しかし、この旅のおかげでそれぞれの市町村を巡りながら、目の前に広がる光景がまちの全てではなく、まちの小さなひとつの景色だという思いを、持つことができたのだった。

旅を続けるためのクラウドファンディング

わたしは迷っていた。一度目の旅を終えて、なんとか市町村の8割を巡ることはできたけれど、残りの2割をどうしよう、と。お金は底を尽きていた。残り2割なら、すぐに行けそうじゃないか。と思ってしまうけれど、それは違う。残っている市町村は2割といえど３００以上ある。旅をする間、１００の市町村を巡るのに永遠のような長さを感じるのだから、３００という数字がまた果てしないことは分かっていた。もう一度そのモチベーションを高めるにも覚悟がいる。そしてもう一つ、アルバイトだけではお金が足りないのだ。残りの2割に「離島巡り」という難関が残っていたためである。行く必要のある離島はまだ30以上残っていた。離島に行くには、固定費がかかる。船や飛行機代、宿泊費も合わせれば一つの島で最低でも1〜2万円ほど。だから残りの離島だけでも、50万円前後必要なのではと。それに加えて陸路の旅も残っているのだから、やはりお金が足りなかった。

大学生の間にお金をなんとかして旅を終わらせるか、社会人になってお金を貯めて、少しずつ残りのまちを巡るか、かなり悩んだ。

悩んだ末の選択が、クラウドファンディングである。大学生のうちに旅にチャレンジしようと決めた。ただ正直、「旅を続けるためにお金を支援してほしい」という考えが大丈夫なものか、不安だった。炎上するのではないかと。支援が集まらなければ、笑い者にもなるだろう。目標金額も後ろめたさから7万円に設定して、集まらなければアルバイトでできるところまで貯金しよう、それでもお金が足りなければ諦めよう、という気持ちでいた。

クラウドファンディングを始めてからはドキドキしながら画面を見ていた。すると、10時間で支援額が１００%に到達した。本当にすこぶる驚いた。これほど胸をなでおろしたこともない。そして3週間ほどの支援期間を設けていたが、結果的に91人の方に応援していただき、支援額は47万５２００円、６７８%の達成率だった。これだけの人に応援してもらえるとは、本当に思っていなかった。

クラウドファンディングでは様々な形式で支援していただいた方にお返しをする。メッセージを送ったり、フォトパネルを送ったり。その中で、旅の写真集を制作した。今までの旅路をまとめたもので、タイトルは「日本よはじめまして」。１５０ページのフルカラーで、全て自分でデザインした。本が自分の手元に届く頃には長野県のキャンプ場で住み込みバイトをしていて、バイトの休憩時間に発送作業をしていた。本はクラウドファンディング以外でもいろんな方から欲しいと言っていただき、数ヶ月後にわたしのサイトや広島蔦屋書店さんで販売することに。自費出版だが、本当にたくさんの人にこの本が届いて嬉しかった。

他のリターンとして、住んでいた広島の古民家シェアハウスに支援者さんを招待した。関西や関東からわざわざ来ていただいて、まちを案内したり、家でまったりしてもらったり。ありったけの手料理も作った。得意料理は鶏クッパである。また、「あなたのまち、人、撮りに行きます。」というリターンで、様々な場所へ巡らせてもらった。プロフィール写真を撮ったり、岐阜に住む友人の故郷を巡ったり。その中でも岩手県遠野市、新潟県三条市、島根県隠岐諸島への訪問は思い出深い。

岩手県遠野市では、「ビールの里構想」を掲げる田村さんという方にお会いした。遠野市は日本随一のホップ生産地であり、その魅力を活かした官民一体のまちづくりに取り組まれている。夏の５ｍに及ぶホップのグリーンカーテンは見事であり、遠野でしか飲めないビールの味は最高だ。出会う方々が本当に素敵で、まちづくりの真骨頂を知った。

新潟県三条市では下田地域という自然に囲まれた集落へ。支援をしてくださった田中さんのつながりで、地域づくりに取り組む若い方からウコンを長年栽培するおじいさんまで、貴重な出会いに溢れていた。夜にはみんなで星を眺めながら、心が豊かな暮らしをそのまま教えてもらった夏だった。

島根県隠岐諸島へは、「村・留学」という大学生が地域社会を体験する場にカメラマンとしてお伺いした。写真を撮りながらも素敵な受講生たちと仲良くさせてもらって、わたしも参加しているような感覚だった。一

右の方が支援してくださった田村さん

遠野のビールは本当に絶品

ホップ農家の方との出会い

緒に語り明かした夜が蘇ってくる。都合があり1日早く帰ったのだが、みんなが紙テープでお見送りをしてくれて、最後まで手を振ってくれたことを、ずっと忘れない。

クラウドファンディングは、わたしの夢を本当に大きく支えてくれた。旅を応援してもらい、そして人とのつながりまで増えたとは、本当に幸せという言葉に尽きる。わたしはみなさんのおかげで、旅を終えることができた。事実として、このお金がなければ旅は１００％終わっていない。そしてクラウドファンディングの文章に書いた「全ての市町村が載った写真集を作りたい！」という最後の夢が、まさにこの本なのである。

ウコン農家の山崎さん

支援してくださった田中さんと夏雲

夜空を眺めながら

ゆったり朝の時間

久しぶりに隠岐へ

島で出会った素敵な笑顔

お見送りしてくれてありがとう（右から４番目の方が支援してくださった余島さん）

41

佐賀県

SAGA

1 大川内山に気持ちの良い音（伊万里市） 2 大きくなったんだね（武雄市） 3 澄んだ秋空に気球が舞う（佐賀市）

佐賀らしさに心をあずける

佐賀県佐賀市で毎年秋に開催される「佐賀インターナショナルバルーンフェスタ」は、人生で一度見てみたいイベントだった。南は有明海に面し、海抜が低く平坦な佐賀平野の嘉瀬川河川敷から、色とりどりのバルーンが穏やかな風に乗って飛んでいく。旅路は日々進んでおり、今回は偶然バルーンフェスタの前日に佐賀市に到着した。ひんやり冷え込んだ朝の空とバルーンの対比は飾られた美しい絵画そのものだった。

鹿島市では大学の後輩との繋がりで、地域の秋祭りにお邪魔した。獅子が町内を巡り歩き、玄関に出たおじいさんやおばあさんに「アムアム……！」と大きな口でかぶりついたり、子どもたちが獅子の後ろを追いかけながらイタズラをして、逆に獅子に追いかけられると笑顔で逃げ出す姿だったり、日が沈みかけた境内で響き渡る祭囃子の賑やかな音だったり、一つ一つが、この土地で育ったわけでもないのに懐かしく感じられた。

他にも好きな場所はたくさんある。武雄市では大学一年生のときにヒッチハイクでお世話になったお母さんと再会した。当時小さかったお子さんが見違えるほど大きくなっていて、驚きと同時にとても嬉しかったことをよく覚えている。焼き物の町として知られる伊万里の大川内山はレンガ造りの煙突や窯元が立ち並び、「秘窯（ひよう）の里」と呼ばれるにふさわしい独特の景観が残っていた。海に面した唐津城跡は幻の天守閣が唐津市のシンボルとして美しく力強くそびえ立ち、玄界灘に面した浜野浦の棚田は海岸から駆け上がる階段のように、大小様々な水田が夕焼けを映してくれた。私は嬉野茶が好きでよく飲むのだが、はじめて嬉野で茶畑を見たときは憧れの芸能人に会うように嬉しかったし、嬉野温泉のまちなみや足湯でも心が癒された。

佐賀県東部の基山町から佐賀市に至るまでは小さなまちが点在しているが、基山町の古代山城の基肄城跡は跡がほとんど残っておらずともタイムスリップしたような気持ちになり、神埼市の仁比山神社は石垣や境内に美しい苔が広がり、厳かな時間が流れていた。佐賀県で流れる時間は地に足がついたようにどっしりとしており、一歩一歩、着実だ。だから、まちなみを歩いても、自然を眺めても、空を見上げても、そこには変わらない佐賀らしい日々が流れているだろう。自分の心が乱れてしまったときには、佐賀県へ戻るべきなのかもしれない。

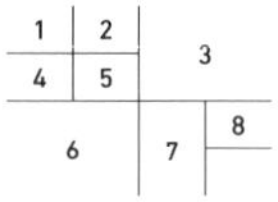

1 基肄城跡からまちを見下ろす（基山町） 2 美しいまちのシンボル（唐津市） 3 九州陶磁文化館のからくり時計（有田町） 4 名水百選に流れる清水の滝（小城市） 5 吉野ヶ里遺跡と逆茂木（吉野ヶ里町） 6 有明海に朝日が昇る（太良町） 7 仁比山神社と苔の美しさ（神埼市） 8 穏やかな時間（みやき町）

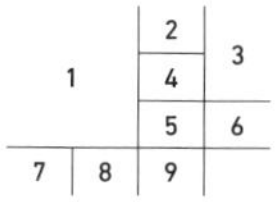

1 夕焼けと浜野浦の棚田（玄海町） 2 ゆっくり甘くなる（大町町） 3 日常が走ってゆく（江北町） 4 獅子を追いかけるよ（鹿島市） 5 鳥栖駅からタクシーに乗って（鳥栖市） 6 孔子の里、多久聖廟へ（多久市） 7 清掃と暮らし（白石町） 8 足湯に心と体が癒される（嬉野市） 9 まちの自動販売機（上峰町）

長崎県

NAGASAKI

1 心躍るフルーツのバス停（諫早市）2 いい眺めと楽しいお話（南島原市）

1 | 2

海を越え 歴史を歩く

周囲は海に囲まれ、島の数は日本一。さらに異国情緒溢れる文化やまちなみ。振り返ってみても、長崎県の魅力は止まる所を知らない。

まずは島原半島。雲仙・普賢岳を中心に、各所に湧き出る温泉や城下町のまちなみ。半島をぐるっと巡るだけでも気持ちいいのに、とにかく癒される場所が多い。温泉で地元のおじいちゃんと交わしたとりとめのない会話も懐かしい。1990年からの噴火は私の生前の出来事だが、旧小学校の焼失した校舎は心に刺さるものがあり、自然の力に畏怖せざるを得なかった。

川棚町や東彼杵町、大村市など大村湾を囲むエリアも好きだ。大村湾は四方のほとんどが陸で囲まれ「琴の湖」とも呼ばれる穏やかな海。JR大村線、海が目の前にある千綿駅の景色も抜群で、静かに佇む海へ音が吸い込まれるように、列車が進んでいく。そして南へ下り諫早市まで行けば可愛らしいイチゴやメロン、フルーツのバス停が道路脇に姿を見せる。北上すれば焼き物のまち、波佐見。染付や磁器で有名な波佐見焼は時代を経ても洗練された「おしゃれ」の最前線を走っている。また松浦や平戸へ行けば雰囲気が変わり、対馬海域の大自然や変化に富んだ海岸線が楽しめる。

長崎市、佐世保市のまちなみは言わずもがな、素晴らしい。まち歩きをするだけでこんなに楽しいと感じる場所はない。もちろん地元の方々にとっては階段や坂ばかりで億劫かもしれないが、どんな日本の地を巡ってもこのような長崎らしいまちなみは思いつかない。レトロと称されることも多いだろうが、確かに長崎が吸収した異国のエネルギーは、日本の歴史を大きく変えている。なんてロマンがある場所なのだろう。

そして長崎県の離島巡りは、大変かつ最高に魅力的だった。市町村一周の立場では五島市、新上五島町、小値賀町、壱岐市、対馬市と5つの市町があるため、5つの島へそれぞれ訪れた。まずは五島列島の中で一番大きな福江島。大学の後輩の母校が城跡の中に建てられており、実際に見て離島にこのような場所があるのかと驚いた。島をぐるっと巡ればコバルトブルーの美しい海、山全体がグリーンの芝生に覆われた鬼岳、懐かしいまちなみ、どれも心が揺すぶられる。新上五島町では世界遺産、頭ヶ島の集落へ訪れた。潜伏キリシタンの関連遺産であり、シンボル的な存在の頭ヶ島天主堂は珍しい石造りの教会だ。お金がなく、信徒が石を切り出して造ったと知って、当時の苦労は計り知れないと悟った。小値賀島は、自然も人もまちなみも、ありのままが残っている。何度でも訪れたいし、またいつか行けた日には、東のビーチでのんびり海を眺めるんだ。壱岐島は現地で電動の原付を借りた。テレビ番組のように電池が減れば充電する必要があるのだが、想定より何倍も消耗が早く、駆け込んだ理髪店で充電をさせてもらい、結果お店の方と仲良くなり、島を車で案内してもらった。別の場所でも充電している間、お母さんからおにぎりをもらった。まるでテレビに出ているようで、テレビではなくても優しい島の方々が何より嬉しかった。対馬はとにかく大きい。島のスケールの大きさ、そして自然に驚いた。竜宮伝説の残る和多都美神社は生い茂る原生林に囲まれ、鳥居は潮位によって海中へと沈む。入り江と深い山並みの光景は神話の世界に立っているようだった。

とにかく長崎県の好きなところは、書いても収まらない。長崎県の市町村をもう一周してほしいという話があれば、大喜びで飛んでいきたいくらいだ。

1 ここにしかない景色（長崎市）2 道の駅に大きなカブトムシ（平戸市）3 緑と青の美しいシンボル、鬼岳（五島市）4 海から鳥居が連なる和多都美神社（対馬市）

1 かつての戦争遺構を知る（川棚町）2 静かで美しい柿の浜へ（小値賀町）3 道の駅で絶品のブリ丼（松浦市）4 海の見える千綿駅（東彼杵町）

			2
1			3
			4
5	6	7	

1 夜の温泉街を歩く（雲仙市）2 オランダの景色が残るように（西海市）3 穏やかなまちなみ（長与町）4 やきもの公園に登り窯（波佐見町）5 落ちない、さばくさらかし岩（時津町）6 夕暮れの四ヶ町商店街（佐世保市）7 見事な玖島城跡へ（大村市）

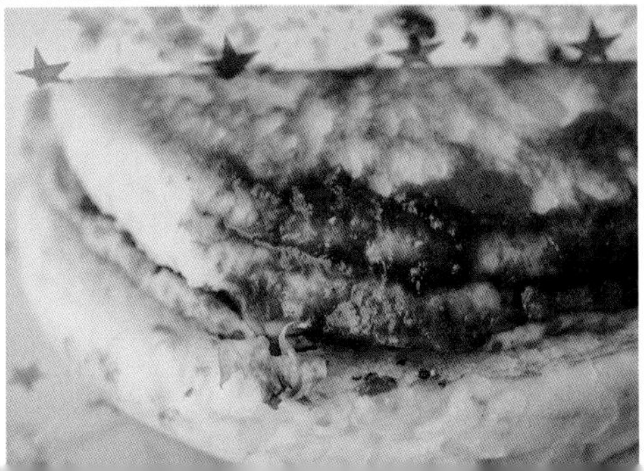

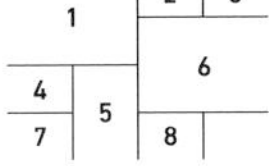

1 旧校舎に残る噴火災害の凄まじさ（南島原市）2 海中のほらほげ地蔵（壱岐市）3 天守閣からの眺望にうっとり（島原市）4 小さな町らしい懐かしさ（佐々町）5 石造りの頭ヶ島天主堂（新上五島町）6 充電で仲良くなった理髪店さん（壱岐市）7 ゲストハウスの時間はあっという間（五島市）8 大好きな佐世保バーガー（佐世保市）

43

熊本県

KUMAMOTO

1 ゆっくりと日々は進む（菊陽町）2 豊かな、年の神水源（玉東町）3 絵も子供も未来へ育ってゆく（大津町）4 この土地で生きる（阿蘇市）

美しい火の国の明日を生きる

合わせて45の市町村がある熊本県。東には世界最大級のカルデラを持つ阿蘇の美しい景観が広がり、西には大小１２０の島で構成され、海と山と美しい地形に富んだ天草がある。

阿蘇エリアを訪れた日は土砂降りの雨で、くねくねとカーブが折り重なるような山道に大自然の厳しさを教えられた。翌日は晴れ、南阿蘇村で見た鮮やかな緑と青空のコントラスト、そしてカルデラの雄大な自然が印象深い。天草は上天草市、天草市、苓北町と現在3つの市町で構成されている。世界遺産の﨑津集落は同じ天草市でも市街地からは40km離れた小さな漁村にある。潜伏キリシタンの地として、信仰を守り抜いた集落の雰囲気は、他の漁村にはない厳かさがあった。

人吉球磨地域は旅の序盤に鹿児島で出会ったバイカーのおじさんたちの故郷で、「人吉はええぞ！」と爽やかに伝えられてから、ずっと行ってみたい場所だった。球磨川をはじめ豊かな自然や温泉が広がり、古き良きまちなみが軒を連ねる人吉。司馬遼太郎が紀行集で人吉球磨の地を「日本で最も豊かな隠れ里」と記した気持ちがはっきりと分かった。

美里町にある「日本一の石段」は、旅で苦しかったことランキングで堂々と5本の指に入る。釈迦院に続く「３３３３段」。登った、と思えばまだ３００段で絶望感を味わった。進めど進めどゴールが見えず、この旅や人生を象徴しているかのようだった。

熊本市や益城町も訪れた。２０１６年4月に発生した熊本地震。当時は大学2年生で、熊本出身の友人が大学内で懸命に募金活動の声掛けをしていた姿を思い出した。熊本城には２０１５年に一度訪れていて、その美しさに心から感動したのだが、旅の再訪時には復興のシンボルへと変わっていた。それでも大天守の力強さには前回とはまるで違う、新しいエネルギーが感じられた。そして益城町でプレハブの仮設庁舎を見て、日々について咀嚼するように考えた。駐車場には「がんばろう！益城」と書かれた車がある。周囲を歩けば土嚢が並び、クレーンが青空の下で動いている。それでも散歩をする人やバスを待つ人がいて、団地のベランダには洗濯物が気持ちよさそうに干されている。日常ほどありがたいものはない。あたりまえだが、あたりまえではない。とにかく目の前にある日々を精一杯進まなければならない。それしかできない、と思った。プレハブ仮設庁舎に小さく会釈をして、次のまちに向かった。

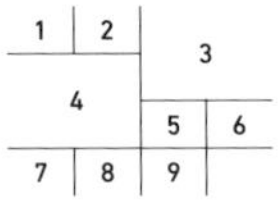

1 ゆったりと贅沢な時間（南関町）2 湯前駅の落ち着いた広場（湯前町）3 少しずつ、前へ進む（熊本市）4 世界遺産三角西港と釣り人（宇城市）5 金魚のまちに百獣の王（長洲町）6 雨宮神社にて（相良村）7 佐敷城跡への道中にて（芦北町）8 通潤橋を建設した布田保之助像（山都町）9 海と山のある暮らし（上天草市）

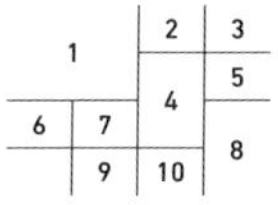

1 菊池渓谷に朝日が差し込む（菊池市） 2 優しいまちと球磨川（八代市） 3 静かな池山水源を辿る（産山村） 4 登校の時間（甲佐町） 5 友人と一緒に釣りをした（苓北町） 6 万田坑に夜のライトアップ（荒尾市） 7 何が何でも止まろう（合志市） 8 集落のシンボル、﨑津教会（天草市） 9 まもなく到着します（玉名市） 10 博物館に迫る恐竜の影（御船町）

1	2	3	4
5	6	7	
8		9	10
11	12	13	

1 雨降る鍋ヶ滝（小国町）2 名湯、湯の鶴温泉で羽休め（水俣市）3 無人販売所で売っていた（水上村）4 阿蘇の美しさを知る（南阿蘇村）5 町役場へ（高森町）6 長閑で幸せな駅（あさぎり町）7 カブ号が見劣りしなくなった（五木村）8 舞鶴城公園の岩と不知火海（津奈木町）9 畑のコントラスト（氷川町）10 アットホームな多良木駅（多良木町）11 不思議な押戸石の丘（南小国町）12 村に朝がやってきた（球磨村）13 干潮の長部田海床路（宇土市）

1	2	3
	4	5
6	7	8
	9	

1 苦しい3333段を登り終えて（美里町）2 村役場もすっかり令和（山江村）3 萌の里から美しい俵山（西原村）4 グラウンドの声が響く（錦町）5 すっすっはっはっ（和水町）6 ずっと忘れずに進む（益城町）7 球磨川の美しさを忘れない（人吉市）8 心地よい風が吹いている（嘉島町）9 豊前街道の情緒を歩く（山鹿市）

44

大分県

OITA

1 壮大な九重“夢”大吊橋（九重町） 2 独歩の言葉とマンホールの蓋（佐伯市） 3 浴場で交わす挨拶が好きだった（別府市） 4 由布院の賑わいを支える（由布市）

大分が好きだ、と堂々と言えて嬉しい

広島大学で過ごす中で、仲の良い友人は大分県出身が一番多かった。もちろん偶然なのだが、友人から大分の魅力はたくさん聞いていたし、「これっちさ〜」、「〜しちょん」、私も大分弁が自然とうつっていた。大分といえば、まず温泉は外せない。全ての温泉を巡ったわけではないけれど、例えば竹田市にあるラムネ温泉館で浸かった天然炭酸泉は不思議だった。ぬるいお湯に入ると体内が泡で包まれ、じわじわ、じわじわと体が温まっていく。由布院や別府、もちろん大分にもまだまだ色んな温泉があることを思えば、なんて楽しい場所なのだろうと友人が羨ましくなった。また大分は食べ物も最高だ。唐揚げなんて、美味しすぎてどうしようもなかった。揚げたての唐揚げ、噛んだ瞬間に溢れる肉汁と旨味、カリッとした衣のバランスが堪らない。他にもとり天、やせうま、だんご汁も、全部ビックリするほど美味しくて、いっそ大分の友人が少し憎らしくなった。

日田市の豆田町は天領として栄えた懐かしいまちなみが広がっている。ただ、平成29年の九州北部豪雨の被害も一部残っており、日々ある日常のありがたさを痛感させられた。宇佐神宮は、全国に4万社あまりある八幡様の総本宮だ。いつか行ってみたいと思っていたけれど、神秘的な雰囲気にはどこか圧倒されるようで、総本宮たる所以が感じられた。神社では「二礼・二拍手」が一般的だが、宇佐神宮では古来「二礼・四拍手」の礼拝作法となっている。他の参拝者さんが四拍手で参拝しているのを聴くだけで、その場の雰囲気がより一層引き締まり、少し背筋が伸びるようだった。

そして姫島村という不思議な一島一村も存在する。姫島は国東半島の先にありフェリーに乗って20分ほどで到着できる島で、流れている時間はどこかゆっくりで、どこか不思議だった。1日の訪問では島の真相は掴めないし、掴むべきでもないという気持ちにさせられたのだった。

友人から聞いていた大分の魅力は旅を経て、これでもかと体感した。市町村一周の中で、一つの都道府県の市町村を最初に全て巡り終わったのが大分県で、一つの県はこのようにしてできているんだとはじめて知ることができた。そして今となっては友人に、「大分が大好きだ」と、堂々と伝えられることが一番に嬉しい。

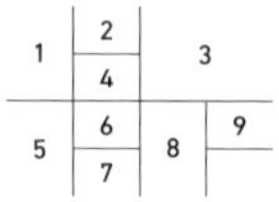

1 友人のふるさとを想いながら（玖珠町） 2 まちのシンボル伐株山（玖珠町） 3 心洗われる宇佐神宮（宇佐市） 4 金運あがる富来神社へ（国東市） 5 まちに聳える中津城（中津市） 6 街をあちこち歩いた（大分市） 7 日田祇園祭の迫力ある山鉾（日田市） 8 瀧廉太郎と岡城跡（竹田市） 9 臼杵城跡に流れる日々（臼杵市）

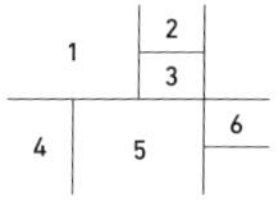

1 城下町の風情に夕方（杵築市）2 おじさんたちが野球してた（津久見市）3 懐かしい暮らし（日出町）4 昭和の町を味わう（豊後高田市）5 不思議な島に穏やかな風（姫島村）6 大辻公園のあじさい園へ（豊後大野市）

45

宮崎県

MIYAZAKI

1 静かに自然が折り重なる（日之影町） 2 馬ヶ背に押し寄せる荒波（日向市） 3 雨にも雨らしさがある。天岩戸神社（高千穂町）

この道の先に旅の真骨頂がある

太平洋に面する海洋性の温暖な気候、南国を感じさせる宮崎県。南北に長い国道10号線は特によく覚えている。また海岸線に沿って進めば、モアイがいたり、洞窟の中に神社があったり、鬼の洗濯板があったり、断崖絶壁の柱状節理の崖があったり、宮崎でしか見られない景色が長い道中をワクワクさせてくれた。

ただ、宮崎県は南北だけでなく、東西にも長い。そびえる山が、非常に深いのだ。海沿いの南国らしい景色とは一変し、険しい山々が連なり、橋を渡れば見下ろすのが怖いほど標高が高いことに気づく。そうしてたどり着いた先に、小さな集落が広がっている。神話の郷、高千穂では3年前のヒッチハイクで拾っていただいたお母さんと再会した。ヒッチハイクで九州を一周した中でとてもお世話になった方だ。お母さんと訪れた天岩戸神社や高千穂神社は、雨の音に包まれ、神聖さそのものだった。椎葉村は日本三大秘境の一つである。平家落人伝説が残る地として知られているが、石垣が組まれた十根川集落は山林に囲まれ独特の雰囲気を醸し出し、樹齢８００年以上とされる八村杉からは歴史の凄みを肌で感じた。

そして椎葉村より人口の少ない西米良村は、同じく山深い谷あいの村。美人の湯として名高い「西米良温泉ゆた～と」に浸かって、お肌をスベスベにしつつ旅の疲れを思いっきり吹っ飛ばした。観光に来ているおばさま方ともお話ししたけれど、「日々の喧騒を忘れられる」と言うおばさま方が一番賑やかであった。山間部の集落へ原付で行くことは簡単ではないのだが、この道の先には私の知らない日本がある、という真骨頂が宮崎であった。

えびの市や小林市、高原町など霧島連山の北東に広がる山々や高原は、絶景の連続だ。火山活動による景観が多く残されているが、朝日の当たった高千穂峰は確かに天孫降臨の地を思わせるほどの美しさと力強さがあり、標高１２００ｍのえびの高原は紅葉のトンネルと湖の迫力に心を奪われた。そこには地球の息吹があり、人間が大自然には敵わないというあたりまえのことを、目の前の美しさが教えてくれるのだ。こんなに素晴らしい場所が近くにある宮崎の方々や九州の方々が素直に羨ましい。全国をあちこちと巡ったけれど、この大自然に並ぶものは、なかなか思い浮かばない。

1	2	3	4
		5	6
7	8	9	
	10		

1 日本三大秘境と平家の隠れ里（椎葉村） 2 変わらない日々（串間市） 3 生駒高原にオレンジのコスモス（小林市） 4 大自然に照葉大吊橋（綾町） 5 山あいが影で包まれる（諸塚村） 6 高圧電線に注意（高鍋町） 7 ポツンと置いてあった（美郷町） 8 キャンプ場の渋いオーナーさん（五ヶ瀬町） 9 とにかく宮崎は食が美味しい（宮崎市） 10 いつもの郵便屋さん（木城町）

1		2	3	4
		5	6	
7	8	9		
	10	11	12	13

1 空に鯉が泳ぐ（都城市）2 穏やかな時間の流れ（川南町）3 木々と古墳群（西都市）4 まちを歩き（都農町）5 国道10号線の寄り道（新富町）6 六観音御池（えびの市）7 厳かな霧島東神社（高原町）8 海と山で異なる景色（延岡市）9 仲良くなったおばさま方（西米良村）10 もうすぐ夕暮れ時（国富町）11 朝の散歩が日課なんだ（門川町）12 今日はみどりの日（三股町）13 鵜戸神宮のお乳岩（日南市）

46

鹿児島県

KAGOSHIMA

1 走って来てくれたトカラ馬（十島村）2 島っ子たちの温かな出迎え（三島村）3 旅の終わり（屋久島町）4 風の強い海沿いを進む（大和村）5 溝ノ口洞穴に朝がやってきた（曽於市）

長い旅路を経て最後の地へ

実家の岡山県倉敷市から旅をはじめ、最初の区切りとして目指した場所が、鹿児島県。鹿児島市の港から船で離島や沖縄県へ渡り、本土より早い5月の梅雨入り前に、出来るだけ多く巡りたかったからだ。鹿児島市では友人の家に泊めてもらったのだが、旅の初日に原付でコケた怪我が完治していない状態で到着したため、階段をそれはゆっくり上り下りする姿に、友人は明らかに引いていた。ただ友人が車で、薩摩半島や霧島まで、鹿児島を案内してくれて本当にありがたかった。

その後は計画通り離島を巡るため原付と一緒に船に乗った。人生で初めての「南国の島」は奄美大島の東に浮かぶ喜界島で、友人とのつながりで空き家を利用させていただき、次の沖永良部島では大学の後輩のお父さんの家へ宿泊させていただいた。温かな地元の方々に助けてもらいながらの船旅であった。そのまま沖縄へ向かった後、再び船で鹿児島市内へ戻ったのだが、戻った翌日は怪我の診察日で、原付を置いて鹿児島から岡山まで新幹線で帰り、先生に診てもらった。そして翌日には新幹線で鹿児島へ再び戻ったわけである。往復4万円、片道７００㎞かけて通院する日が来るとは思いもしなかったが、今まで遠いと感じていた鹿児島が、ギュッと近く感じられた瞬間でもあった。

二度目は旅のクライマックスとしてやって来た。大隅半島へ行った際は本土最南端の佐多岬で、私の旅を知って地元の方がわざわざ会いに来てくださり、枕崎市では旅を応援してくださる方とのご縁で「鰹節工場」を見学させてもらった。二度目の枕崎だったため、戻り鰹の甲斐があったと感動したものだ。離島巡りではトカラ列島や三島村、奄美大島に徳之島、与論島、そして種子島へ。やはり離島は地形から雰囲気までそれぞれに特徴があり、秘境も集落も、全部魅力的だ。三島村の硫黄島で港の海が茶色だったことは衝撃だったし、トカラ列島、中之島の公衆浴場は熱すぎて肩まで浸かれず、与論島では夏の台風で延期されていたお祭りが行った日にたまたま開催された。

そして１７４１ある市町村の中で、最後の訪問地が屋久島だったことは偶然かつ、運命的だった。もののけ姫の聖地「白谷雲水峡」の太鼓岩で旅が完結したと思い切り叫んだ瞬間は風が止み、夕暮れには曇り予報だった空に晴れ間が覗き、海上の太陽の左右両側に彩雲が2つ出た。翌日、島内は晴れたものの暴風で船と飛行機は全て欠航し、1日違う日程で来ていたら到着できなかった。旅は偶然の連続だが、本当にそうなのだろうか。そう感じさせられたことも事実だ。屋久島は私にとって、ずっと特別な場所であり続ける。

1 しっとりした緑（肝付町）**2** 放課後の時間（和泊町）**3** 行きつけの場所（出水市）**4** 暮らしは今日も変わらずに（さつま町）**5** 穏やかな日々の流れ（東串良町）**6** 奄美らしい茂みを進む（龍郷町）**7** 友達が教えてくれた市民食堂 ぷえんかん（阿久根市）**8** 友人は親戚と再会し（西之表市）

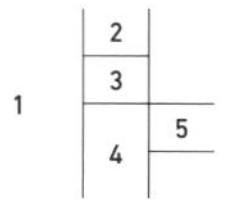

1 長崎鼻灯台公園へ（長島町） 2 電車を待つ朝（いちき串木野市） 3 ウミガメの産卵地、長浜海岸（中種子町） 4 大好きなガジュマルのバス停（宇検村） 5 東洋のナイアガラ、曽木の滝（伊佐市）

1 2 3 4 5 6

1 スギラビーチで3人と出会った（喜界町） **2** 上から見てみると（瀬戸内町） **3** 賑やかなエイサーのはじまり（与論町） **4** 大空に夢を描く（南種子町） **5** やすらぎとにぎわいと漢字（志布志市） **6** 日本一の蒲生の大クス（姶良市）

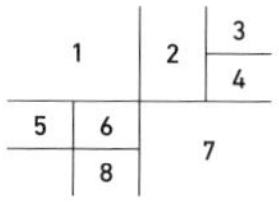

1 有名映画の聖地、白谷雲水峡（屋久島町） 2 朝の美しい時間（与論町） 3 ランチは和牛のカルパッチョ（大崎町） 4 広々とした気持ち良さ（南さつま市） 5 田皆岬と先輩（知名町） 6 爽やかな景色を走る（鹿屋市） 7 心安らぐ霧島神宮へ（霧島市） 8 まちで活躍する皆さんと（錦江町）

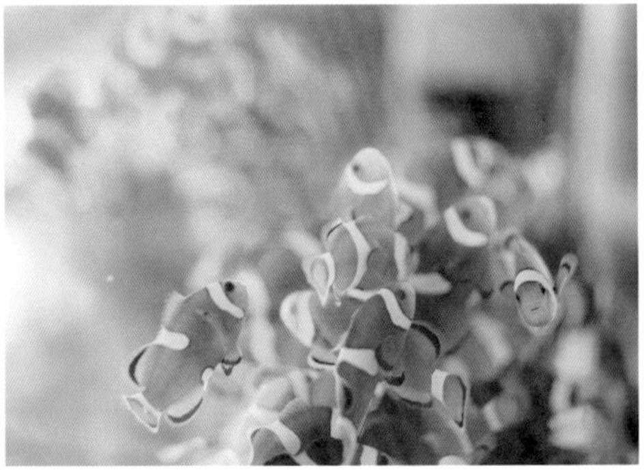

1	2	3	
	4		
5	6	7	8
9		10	

1 鹿児島らしい中心のまち（鹿児島市）2 イッシーくんとの出会い（指宿市）3 流れる時間の穏やかさ（垂水市）4 お家で頂いた絶品の油そうめん（喜界町）5 朝日が差して来た（天城町）6 隆起サンゴ礁の島らしさ（伊仙町）7 可愛いクマノミたち（南九州市）8 まちを一望する（日置市）9 丸池の美味しい湧水を汲む（湧水町）10 名瀬に流れる時間（奄美市）

1 鰹節工場を見学させてもらった（枕崎市） 2 島とのお別れ（徳之島町） 3 川内駅と誰かの日々（薩摩川内市） 4 最南端の佐多岬へ来てくださった（南大隅町）

47

沖縄県

OKINAWA

1 ワクワクするデポアイランド（北谷町）2 そっと優しく島を照らす（渡名喜村）3 青いシーサーさん（伊江村）4 忘れない色、音、風（伊平屋村）

いくつもの海を越え 美しい暮らしに息を呑む

私は沖縄県へ船でしか行ったことがない。と言っても旅で訪れた過去二回の話であるが、船に乗り、時間をかけてようやく辿り着いた港が見えると、不思議な高揚感にいつも出迎えられた。

最初は沖縄本島を原付で巡ったのだが、はじめてやって来た沖縄に自分の原付があることは些か不思議であった。那覇を中心とした本島南部は小さなまちが多く、穏やかな日常にお邪魔させてもらった。中部は雰囲気変わり、史跡やアメリカンな景色が増えてくる。北部は広々とした大自然が顔を覗かせ、これまでにイメージしていた沖縄が更に一新される。同じ一つの島で移り変わる琉球という名の歴史の深さを、体に染み込ませるように進んで行った。

二度目の沖縄は、市町村一周旅もあと一息というところで再訪した。残っていた沖縄本島以外の離島をバックパッカースタイルで巡る、まさにアイランドホッピング。とにかく、アイランドホッピングは大変だ。16の離島を一気に巡ったが、船や飛行機での移動は大変なお金がかかってしまう。また天候次第で予定が崩れると、雪崩方式に次の離島へ行けなくなる。天に祈るような気持ちでいると、12月なのに日焼けしたままの肌がヒリヒリした。その祈りが本当に通じたのかは分からないが、16の離島のうち、15の離島で晴れた。季節はどんよりしやすい冬の沖縄。晴れ男と呼ぶには十分すぎるかもしれない幸運に恵まれ、思い返すのは様々な景色や出会い。たとえば、南大東島で知った「さとうきびは島を守り島は国土を守る」という言葉は印象的だ。各々の離島ではさとうきび畑が一面に広がっており、それは私にとって「沖縄らしい景色」であった。しかし、離島においてさとうきびの製糖は大事な主幹産業であり、さとうきびが台風に負けず、育ち、収穫できることが島全体を守ることにつながり、島を守ることが国土を守ることにつながっているなど、気づきもしなかった。大地の恵みは、日本を静かに支えている。

好きな景色は、伊平屋島で出会った海。原付をレンタルして、大雑把にルートを決めてアクセルを回す。そして貰った地図に描かれていない、そこに広がる海が、ただひたすらに美しかった。エンジンを止め、真っ白な砂浜に立ち、静かに波の音を聴き、「青」という一言では片付けられない透き通った海を、一人で眺めた。私にとっての旅は、誰かのふるさとを訪れるようなものであったが、私の心のふるさとは、ここにあるかもしれないと思ったほどに、懐かしく美しいものだった。

沖縄本島と離島、これだけ細かく広い沖縄にお邪魔させてもらったことがどれだけありがたいことか、何度振り返っても、感謝してもしきれない。三度目の沖縄は、船と飛行機、どちらで行けるかな。

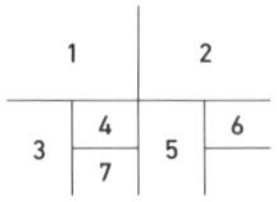

1 海沿いを歩きながら（本部町）2 小さくて色鮮やかな（粟国村）3 断崖絶壁の万座毛へ（恩納村）4 もちろんシークヮーサー入り（大宜味村）5 大好きな宿で過ごす時間（今帰仁村）6 快晴の街中を進む（石垣市）7 球場を囲む日常（浦添市）

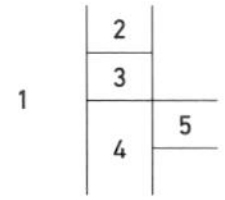

1 異国にやって来たような（北大東村）2 自然の神秘、奥武島の畳石（久米島町）3 友人のふるさとを歩く（豊見城市）4 残波岬で出会った（読谷村）5 海も近い気持ち良さ（八重瀬町）

1	2	4
	3	
5	6	

1 与那国馬と島らしさ（与那国町） 2 阪神のキャンプ場にて（宜野座村） 3 絶品タコライスにソースをかけて（金武町） 4 城跡に幸せを運ぶイソヒヨドリ（中城村） 5 穏やかな日常の流れ（南風原町） 6 沖縄を生きる中村家住宅（北中城村）

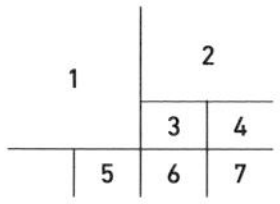

1 来間大橋に透明な海（宮古島市）2 熱く楽しく歌ってくれた（南城市）3 平和祈念公園を歩く（糸満市）4 のんびり島暮らし（多良間村）5 名護城公園の展望台へ（名護市）6 変わらない日々があること（与那原町）7 衝撃かつ神秘的な星野洞（南大東村）

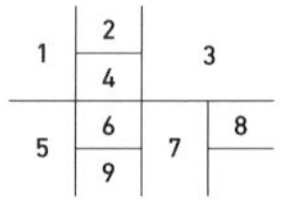

1 子供たちが駆け抜ける（座間味村）2 色んな暮らしがあること（嘉手納町）3 アメリカンなコザゲート通り（沖縄市）4 嘉数高台公園にて（宜野湾市）5 接岸せず海上で船を固定させる（北大東村）6 本当にここまでやって来たんだ（竹富町）7 東村ふれあいヒルギ公園にて（東村）8 琉球大学の入り口（西原町）9 うるまとはサンゴの島（うるま市）

1 紐が奥まで見える阿波連の海（渡嘉敷村）2 雰囲気ある伊是名城跡（伊是名村）3 守礼門に思いをつなぐ（那覇市）4 沖縄本島最北端へ（国頭村）

索引

北海道

千葉県

東京都

神奈川県

滋賀県

京都府

大阪府

兵庫県

奈良県

和歌山県

鳥取県

島根県

岡山県

広島県

山口県

徳島県

香川県

愛媛県

高知県

福岡県

佐賀県

長崎県

熊本県

大分県

宮崎県

鹿児島県

沖縄県

おわりに

市町村一周は遠い夢だった。全てのまちを巡った後、一体どんな景色が目の前に広がるのだろう。ただ知りたくて、旅に出た。そして旅は終わり、様々な景色が教えてくれた答えはシンプルだった。「知らない景色は、永遠にあるのだ」と。市町村を全て巡ろうが、日本を知ったつもりになんて到底なれない。行ったことがある、ないの問題でもない。知ることに並行して、何も知らない自分に気づく。市町村という果てしない単位は、終わりのない景色をわたしに見せてくれた。誰かにとってのふるさとが、この国をつくり、そっとこの国を支えている。だから、わたしは旅を経て、みなさんのふるさとをほんの少しだけ、知っている。そう思っている。

旅をしていたわたしは、主人公ではない。旅をすることで、何者かになりたかったわけでもない。踏切を駆ける列車、風に揺れる木漏れ日、雨でも咲く花々、誰かの散歩道。訪れた先々で出会ったわたし以外こそ、旅の主人公であった。それらを拾い集めるように写真を撮り、文章を重ね、『ふるさとの手帖』は出来上がった。わたしではなく、あなたのふるさとが、わたしの旅を完成させてくれた。あなたにとってのふるさとは、あなたがいなければ存在しない。だから、この本を読んでくださったみなさんも、わたしにとっては主人公である。

「全ての市町村が載った本をつくりたい。」そんな夢を持っておきながら、この一冊は、一人では絶対につくることができなかった。編集者さん、デザイナーさん、帯コメントをいただいた糸井重里さん、そして数多くのスタッフさんに細かな作業を手伝っていただき、出来上がった一冊である。本当に頭が上がらない思いでいっぱいだ。わたしは自分の夢を、旅の道中も、旅が終わってからも、本当に数え切れない方々に助けてもらった。数え切れない、という言葉は都合がいいのかもしれないが、本当に数え切れない。お世話になった全ての方々に、この場をお借りして心より感謝申し上げます。本当に、ありがとうございました。市町村一周の旅に、一切の未練はありません。いつかまた訪れたい場所も、まだ見ぬ景色も、そこは誰かにとっての宝物だと、知ったから。わたしの夢を、ここで完結させたいと思います。

少しでも多くのふるさとに、この一冊が届きますように。

デザイン　佐藤ジョウタ、後藤ツカサ（iroiroinc.）
校正　麦秋アートセンター
編集協力　須川奈津江、大江さやか
編集　蓮本舞（KADOKAWA）

市町村一周旅年表 ～旅を終えるまで

旅以外のこと

4月　広島大学入学

3月　市町村一周旅の計画を始める

4月　大学の単位を全て取るべく動き始める

4月　アルバイトで旅の資金を貯め始める（～2018年3月）

冬～2017年春　バイクの免許を取る

6月　旅の相棒、スーパーカブを購入

8月　長野県のホテルで1ヶ月間住み込みバイト

8月　大学の単位（ゼミと卒論以外）を全て取り終える

1年生	2015年4月-2016年3月	2年生	2016年4月-2017年3月	3年生	2017年4月-2018年3月

旅のこと

はじめてのひとり暮らし

8月　ヒッチハイクで九州一周

8月　インドネシアに短期留学

11月　東広島市の47地域全てを巡る旅を開始（～2018年1月）

シャッターを切る毎日

大学生になって写真部、そして茶道部や野球観戦サークルにも入った。まだまだ上級生がどこか遠い存在に見える1年生の頃から、のびのびと自分の好きなことに取り組める大学の校風が、自分にはとても合っていたと思う。そしてどこへ行くときも、カメラを持ち歩いていつもがむしゃらにシャッターを切っていた。

旅の相棒探しもこの期間に

カメラ（Nikon D610、途中からNikon Dfに）、カメラのレンズ（Makro-Planar T*2/50 ZF.2　旅の9割以上はこれで撮影）、カブ（スーパーカブ110）、かばん（雨に強く、カメラがすぐ取り出せるナショナルジオグラフィックの肩掛けかばん）

2月4日　Webサイト「ふるさとの手帖」を公開

3月26日　市町村一周旅に出発
初日に全治3ヶ月の怪我

休学

2018年4月-2019年3月

1月　残りの旅の資金のため、アルバイト
（〜2019年6月）

12月末　市町村の8割を巡り、一度目の旅を終える。

1月末　北海道へ流氷旅

（復学）2度目の4年生

2019年4月-2020年3月

4月　古民家シェアハウスが拠点に

4月　卒業論文制作開始

5月GW　淡路島のホテルで10日間の住み込みバイト

5月〜6月　クラウドファンディングを開始

6月　クラウドファンディングのリターンにて
写真集「日本よはじめまして」を制作

7月　長野県のキャンプ場で3週間の住み込みバイト

12月末　卒業論文を書き終える

3月　大学卒業

7月末〜9月上旬　クラウドファンディングのリターン巡り

8月中旬　北海道へ再訪し、道内の全ての市町村を巡る

9月下旬　市町村一周旅を、スーパーカブで再開

11月中旬　スーパーカブでの旅を終了（陸路を終える）

11月下旬　東京、沖縄、鹿児島の離島巡りに出発

1月6日　屋久島にて、市町村一周を終える

卒論も旅のこと

大学を卒業するのに必要な「卒業論文」。ちなみにそのテーマは「地域の人々の心の潤いは観光から生まれるのか？」だった。私は大学在学中、ずっと旅について考え続けていたのかもしれない。

かつお（仁科勝介）

写真家。1996年岡山県生まれ。広島大学経済学部卒。広島大学在学中に、日本の全ての市町村1741を巡る旅に出て、2020年1月屋久島を訪れて旅を終えた。旅の記録を更新していたHP「ふるさとの手帖」は旅の終了時に各所から大きな反響があり、1日で110万PVを記録した。現在は倉敷市内の写真館で働く。

ふるさとの手帖HP　https://katsuo247.jp/
Twitter　@katsuo247
Instagram　@katsuo247

ふるさとの手帖《てちょう》

あなたの「ふるさと」のこと、少《すこ》しだけ知《し》ってます。

2020年8月18日　初版発行
2022年5月20日　再版発行

著者／かつお（仁科《にしな》勝介《かつすけ》）

発行者／青柳　昌行

発行／株式会社KADOKAWA
〒102-8177　東京都千代田区富士見2-13-3
電話　0570-002-301(ナビダイヤル)

印刷所／大日本印刷株式会社

●お問い合わせ
https://www.kadokawa.co.jp/（「お問い合わせ」へお進みください）
※内容によっては、お答えできない場合があります。
※サポートは日本国内のみとさせていただきます。
※Japanese text only

定価はカバーに表示してあります。

ISBN 978-4-04-604836-3　C0026